Markus Hofer

Männer glauben anders

Markus Hofer

Männer glauben anders

Tyrolia-Verlag · Innsbruck-Wien

Mitglied der Verlagsgruppe „engagement“

Bibliografische Information Der Deutschen Bibliothek
Die Deutsche Bibliothek verzeichnet diese Publikation in der Deutschen Nationalbibliografie; detaillierte bibliografische Daten sind im Internet über <http://dnb.ddb.de> abrufbar.

2003

Umschlaggestaltung: unisono Werbeagentur, Innsbruck
Layout und Satz: Tyrolia-Verlag, Innsbruck
Druck: Alcione, Trento
ISBN 3-7022-2506-4
E-Mail: buchverlag@tyrolia.at
Internet: www.tyrolia.at

Inhalt

Vorwort 8

Ouvertüre: Ein Brief an den hl. Josef. 9

Männerkirche ohne Männer. 13
Wo sind die Männer in der Männerkirche? 13
Die Klerikerkirche 13
Die Religion der Väter 15
Die Wüstenväter 17
Die frommen Frauen 17
Die Zölibatspflicht. 19
Die Religion der Mütter. 19
Männer und Mutter Kirche 20
Kein Platz für Männer 21
Arbeit und Familie. 22
Sexualität und Zölibat 24
Männlichkeit ernst nehmen 25
Männer wollen geholt werden. 26
Der Generalbass 27

Mann – Frau – Priester. Eine Aufstellung 28
Bild der Aufstellung (Ausgangsaufstellung). 28
Zweites Aufstellungsbild (Umstellung) 31
Theoretische Lösungen 32
Krise und Perspektiven 34

Männer glauben anders 37
Eine Männerliturgie 37
McDonalds-Liturgie 39
Pädagogik statt Rituale 40
Liturgie und Indianerspielen. 40
Männer glauben anders. Frauen auch 42

Weiblichkeit in der Kirche 43
Zweipoliges Modell 44
Tremendum versus fascinosum 45
Phallisch versus ‚utural' 47
Mythen versus Psychologie 49
Grandiosität im Glauben 50
Die Wiederentdeckung der Langeweile 51
Rituell versus spontan 52
Die treuen Kirchenfernen 53
Mirjam nahm die Pauke 54

Jesus für Männer 58
Jesus, der neue Mann 59
Jesus light 60
Jesus wäscht uns den Kopf 60
Jesus und die Archetypen 64
Krieger und Liebhaber 65
Stationen eines Mannes 66
Ablösung von der Mutter 67
Initiation und Berufung 69
Der Segen des Vaters 70
Vater unser 71
Jesus und die Männer 72
Jesus und die Frauen 73
Der souveräne Liebhaber 74
Der Ölberg und das Ende 74
Das Ende, das nicht das Ende ist 75

Gott und seine Männer 77
Django kennt keine Gnade 77
Leben als letzte Gelegenheit 78
Haschen nach Wind 79

Besser eine Hand voll und Ruhe 79
Ein lebender Hund ist besser als ein toter Löwe 80
Gott fürchten. 82
Beten für Männer. 82
Biblische Mannsbilder 84
Stark und sündig 85
Der Liebhaber Gottes 86
Erlöste Männer 87

Literatur 88

Vorwort

Männer glauben nicht an etwas anderes als Frauen, aber sie glauben anders, haben andere Zugänge zu ihrer Religiosität. In diesem Sinn habe ich ein einseitiges Buch geschrieben und mir den Luxus geleistet, einmal nur den Männern nachzugehen. Männer sind in der kirchlichen Praxis vielleicht weniger pflegeleicht als Frauen, aber sie machen die Hälfte der Mannschaft aus.

Seit ich vor vielen Jahren das erste Mal die Karfreitagsprozession in Gubbio erlebt habe, hat mich das Thema „Männer glauben anders“ nicht mehr losgelassen. Viele Perspektiven sind seither dazugekommen. Es ist ein Buch geworden, das sich konkret und nicht nur abstrakt mit Männerspiritualität beschäftigt. Ich habe es, nachdem ich Männerreferent der Katholischen Kirche Vorarlberg bin, auf dem Hintergrund meiner katholischen Glaubenserfahrungen geschrieben. Protestantische Kollegen haben mir oft bestätigt, dass vieles auch für sie gilt.

Mir persönlich hat es sehr gut getan, mich im eigenen Glauben auch als Mann wiederzufinden. Ich schöpfe daraus viel Kraft, Vertrauen und Lebensqualität. Letztlich ist mir klar geworden: Es geht um unser Heil als Männer ebenso wie um unsere Größe.

Ouvertüre: Ein Brief an den hl. Josef

Lieber heiliger Josef, du wirst dich wundern, wenn ich mich heute einmal direkt an dich wende. Eigentlich hast du für mich bislang keine große Rolle gespielt. In meiner Jugend hatte ich dir zumindest einen schulfreien Tag zu verdanken.

Aus meiner katholischen Internatszeit kann ich mich noch an jenes Lied erinnern, das wir dir zu Ehren (?) gesungen hatten oder besser singen mussten: „Geht alle zu Josef". Von Jesus abgesehen ging es aber nur um deine Frau, nur um die Mutter. Wenn ich mich recht erinnere, hieß dein Lied: „Geht alle zu Josef, dem Vater der Armen". Heute würde ich am liebsten sagen: Geht alle zu Josef, dem armen Vater!

Irgendwann bin ich auf diese alten Weihnachtsbilder gestoßen und da ist mir etwas aufgefallen. Bis zur Renaissance wiederholt sich in den Darstellungen dasselbe Muster. Im Zentrum steht die Mutter Gottes mit ihrem Kind, eingerahmt durch die Geburtsgrotte, durch eine Mandorla oder später durch einen Holzstall. Meist sind auch noch Hirten dabei, ein paar Engel, die Heiligen Drei Könige und ein paar Frauen, die Maria helfen, das Neugeborene zu waschen.

Und du, das war mein Erlebnis, sitzt immer irgendwo weitab davon, am Rande, meist den Kopf in die Hände gestützt. Du machst den Eindruck, als ob du nicht wüsstest, was du da eigentlich verloren hast. Außenseiter wäre noch harmlos, es scheint, als ob du mit dem Geschehen nichts zu tun hättest, nichts zu tun haben darfst. Manchmal schaust du resigniert zur Erde, manchmal ebenso resignierend zur Mutter hinauf, manchmal auch nur von hinten dem Geschehen zu. Ochs und Esel stehen jedenfalls viel mehr im Zentrum als du.

Lieber Josef, wenn wir ehrlich sind, warst du in unserer kirchlichen Tradition nur wichtig, wenn es um das Arbeiten und Nähren ging. Ist das nicht ein Bild für Männer, das heute noch in Kirche und Gesellschaft am Werk ist? Sind diese Bilder von dir nicht auch Bilder dafür, wie die Kirche heute noch die Männer gerne hätte? Brav und folgsam, pflichtbewusst und duldend und natürlich nicht zu sehr auf Sex bedacht?

Überträgt man diese alten Weihnachtsbilder in unsere Zeit, so steht doch heute noch im Mittelpunkt die Mutter Kirche und ihre zölibatären Lieblingssöhne. Dabei meinen viele, sie hätten es mit einer Männerkirche zu tun. Es geht aber um die Priester und nicht um Männer wie du und ich. Wir spielen da schon lange keine Rolle mehr.

Kennst du eigentlich selber die kirchlichen Litaneien, die zu deinen Ehren immer wieder gebetet wurden? Da stellt sich wirklich die Frage, ob ‚ganze Männer' in der Kirche überhaupt erwünscht sind?

Du gerechter Josef
Du keuscher Josef
Du weiser Josef
Du starkmütiger Josef
Du gehorsamer Josef
Du getreuer Josef
Du Spiegel der Geduld
Du Freund der Armut
Du Vorbild der Arbeiter
Du Zierde des häuslichen Lebens
Du Beschützer der Jungfrauen
Du Stütze der Familien
Du Trost der Bedrängten

Das sind schöne Eigenschaften, aber es fehlt eben viel von dem, weswegen Männer sich für männlich halten. Es fehlt im Übrigen auch einiges von dem, was Männer für Frauen attraktiv macht. Männer möchten eben stark und mutig und nicht nur starkmütig sein!

In einem Hymnus zu deinem Namenstag heißt es:

Wortlos erfüllst du Gottes dunklen Willen,
tust ohne Frage, was er dir gebietet,
demütig dienst du seinem großen Plane,
treu und beharrlich.
Weil du gehorchtest, wurdest du erhoben.
Christus verlieh dir Seligkeit und Leben.
Er, der die Kleinen, vor der Welt Geringen, selig gepriesen.

„Wortlos" oder zumindest wortkarg sind die Männer in Glaubenssachen heute noch; archaischer, könnte man vielleicht auch sagen, nicht so fromm, würden andere meinen. Männer sind gerne Teil eines „großen Plans". Das gibt ihnen eine Aufgabe und Bedeutung. Aber das „demütig Dienen" liegt ihnen nicht besonders, eher schon das „Tun ohne Frage". Männer schätzen das Gefühl, wichtig zu sein, und haben deshalb Probleme, wenn sie nur „gehorchen" dürfen. Sie hoffen insgeheim, dass Gott sie liebt, auch wenn sie nicht nur „klein" und „gering" sind und möglichst auf Sex verzichten wie der gute (arme) Josef. Nimm das bitte nicht als Spott, Josef, vielmehr beginne ich langsam, mich an dir aufzurichten.

Ich weiß nicht, ob du das mitkriegst, aber dieses einseitige Bild finden wir nicht nur in der Kirche, sondern auch in vielen Familien: Väter, die abseits und am Rande stehen, Väter, die in ihrer Familie kaum noch eine Rolle spielen, manche freiwillig, manche unfreiwillig. Dabei wissen wir doch, wie sehr die Kinder ihre Väter bräuchten, wie groß die Sehnsucht der Söhne und Töchter nach ihren Vätern ist. Ich bin mir sicher, Josef, auch wenn man dich heute nur noch als Nährvater bezeichnet, du hast dem kleinen Jesus mehr gegeben als nur zu essen. Ohne dich wäre aus ihm kein gestandenes Mannsbild geworden.

Und doch, wenn ich ehrlich bin, geistern heute viele Jesusbilder herum, die für uns Männer nicht sehr anziehend sind, vielleicht gerade weil sie nicht mehr sehr männlich wirken: weich und sanft mit tränenunterlaufenen Augen, der immer liebe Freund von allen, mit langen Haaren und Bart der Prototyp des heutigen Softies, nicht Fisch, nicht Fleisch, der vorweggenommene neue Mann mit dem weiblichen Kern, die Frau mit Bart. Dabei war er auch kraftvoll, fordernd, zornig, ausgrenzend und darin fast brutal. Dein Jesus hat den Menschen nicht nur die Füße, sondern auch den Kopf gewaschen.

Lieber Josef, wie wäre es, wenn du dich als Patron für uns Männer und Väter stark machst? Ich bin überzeugt, du weißt aus deiner eigenen Erfahrung, wofür: dafür, dass wir aufstehen und uns einmischen, dass wir uns wieder ins Spiel bringen und unsere Verantwortung wahrnehmen, dass wir unseren Mann stellen und das Kind in den Arm nehmen. Lieber hl. Josef, bitte für uns!

Männerkirche ohne Männer

Wo sind die Männer in der Männerkirche?

Der offiziellen Diktion zufolge leben wir in einer Männerkirche. Es ist unbestreitbar, dass alle wesentlichen Leitungsfunktionen der katholischen Kirche – und von der ist hier vor allem die Rede – von Männern besetzt sind. Frauen sind tatsächlich von eh und je nur zu ‚niedrigen' Diensten zugelassen, auch wenn regelmäßig beteuert wird, wie wichtig diese Dienste seien. Der Unmut der Frauen, ihr Gefühl, kirchlich als Frau nicht wirklich ernst genommen zu sein, ist verständlich. Und doch, die feministische Perspektive der Männerkirche ist eine verengte und übersieht im Grunde alle Männer, die nicht gerade Kleriker sind.

Wo sind denn die Männer in der angeblichen Männerkirche? Der Blick in den Kirchenraum während eines Sonntagsgottesdienstes lässt jedenfalls sicher nicht an eine Männerkirche denken. Offensichtlich sind die Männer schon lange und noch vor den Frauen aus der Kirche verschwunden. Am ehesten findet man sie noch als Funktionäre, vor allem im Pfarrkirchenrat, wo es um Bauen und Geld geht, oder stumm in den hintersten Reihen der Kirchenbänke, in der kirchlichen Unterwelt sozusagen, in der sie sich im Rudel am wohlsten fühlen. Manche finden sich ganz hinten als ‚Säulenheilige' wieder, hinter jener Säule, die sie intuitiv vor etwas schützt, von dem sie nicht zu viel abbekommen wollen.

Die Klerikerkirche

Die katholische Kirche ist im Grunde eine von Frauen getragene und von ‚Männern in Frauenkleidern' geleitete Institution. Selbstverständlich sind Männern immer noch die Leitungspositionen vorbehalten, aber nur wenn sie auf die Ausübung ihrer Sexualität verzichten, wenn sie sich dem Zölibat verpflichten. Kein

Mann glaubt, dass er in der Kirche eine besondere Macht hätte, nur weil der Priester ein Mann ist. Männer haben auch nicht unbedingt das Gefühl, dass im Priester einer von ihnen da oben steht. Es ist eine Klerikerkirche, aber nicht eine Männerkirche. Natürlich sind alle wichtigen Positionen von Priestern, von zölibatären Männern besetzt, doch ist es verhängnisvoll zu glauben, dass das ‚die Männer' wären. Die ‚normalen Männer' kommen sich alles andere als in einer Männerkirche vor, ganz im Gegenteil. Für viele sind die Frauen und die Priester eine dominierende Koalition und vielleicht ist es gerade das, wovor die männlichen ‚Säulenheiligen' intuitiv auf eine gewisse Distanz gehen.

Das Verhängnis mit der angeblichen Männerkirche bekommen Männer heute deutlich zu spüren oder, besser gesagt, sie bekommen eben gar nichts mehr zu spüren. „Die Kirche hat sich selbst auf ein Betreuungsinstitut für Jugendliche, Frauen und alte Menschen reduziert. Wir werden da nicht vermisst", meinte einmal ein kirchenferner Mann. Die Männer sind der blinde Fleck der Kirche. Es scheint zu reichen, dass der Priester selbst ein Mann ist, und deshalb wird über Männer gar nicht weiter nachgedacht. Nach einem längeren Gespräch bekannte ein altgedienter Pfarrer: „Jetzt bin ich schon so lange in der Seelsorge und habe schon über so viel nachgedacht, aber ich habe mir noch nie Gedanken über die Männer gemacht. Die sind einfach eben da oder nicht da." Bei einem diözesanen Studientag zu diesem Thema meldeten sich zwar etwa zwanzig kirchlich engagierte Männer, aber kein einziger Priester war freiwillig dabei. Sicher ist das nicht nur Desinteresse, sondern schwingen unter der Decke auch alle möglichen diffusen Ängste mit, sich auf das Thema Männer einzulassen. Und dann kommt noch eine engagierte und pfarrlich sehr bemühte Frau und fragt allen Ernstes, was sie in der Pfarre anstellen sollen, damit sie für die Firmvorbereitung mehr „männliche Tischmütter" bekommen. So schaut es aus mit der angeblichen Männerkirche. Aus der Religion der Väter wurde irgendwann die Religion der Priester und Mütter.

Die Religion der Väter

Es gab eine Zeit, da wurde noch von der Religion der Väter geredet. Das galt nicht nur, weil man sich ausdrücklich auf die alten Gründerväter berief, sondern weil tatsächlich die Väter im religiösen Kontext eine große Rolle spielten. Im eigenen Haus war er eine Art Zeremonienmeister, im religiösen Leben der Gemeinde hatte er etwas zu sagen, viele religiöse Vorschriften wandten sich vor allem an die Männer und die Weitergabe des Glaubens war eine spezifisch väterliche Aufgabe. In der Nacht des Auszugs aus Ägypten wurden nicht nur die männlichen Erstgeborenen der Ägypter getötet, sondern auch auf israelitischer Seite hatten die Männer einiges zu tun. Da wurde geschlachtet, gebraten und gebrutzelt. Vermutlich haben das ungesäuerte Brot die Frauen gebacken. Es ist eine Form von Hausliturgie, in der noch etwas los ist: die Hüften gegürtet, Schuhe an den Füßen, den Stab in der Hand wird gemeinsam gegessen und getrunken, hastig zwar und zuvor waren noch die Türpfosten mit Blut zu bestreichen. Man spürt, dass da Männer am Werk waren, und die jungen Söhne waren vermutlich stolz auf ihre Väter. Keine Rede ist von einem Hauskreis, in dem sich alle tief in die Augen schauen und anschließend ihre Gefühle mitteilen. Da wird gehandelt und getan, mit großen Gesten und im Auftrag des Herrn. Die Männer sind in ihrem Element, möchte man fast sagen, sie haben eine tragende Rolle. Man kann das als patriarchales Gehabe abtun, aber zumindest kamen die Väter damals noch vor, hatten noch eine Aufgabe, eine Rolle, eine Funktion.

Schon sehr früh in der Geschichte des Judentums wurde die Hauskirche institutionalisiert und die tragende Rolle der Familienväter professionalisiert. Schon im Tempel zu Jerusalem schlachteten bereits amtliche Priester die Paschalämmer, die dann unter die Wallfahrergruppen verteilt wurden. Das waren allerdings noch keine zölibatären Priester, im Gegenteil, ohne verheiratet zu sein hätte kein Mann für würdig gegolten, dieses Amt auszuüben. Auf dem Boden derselben jüdischen Tradition steht im Wesentlichen auch das Urchristentum. Jesu eigene Ehelosigkeit hat zuerst einmal kein eheloses Priestertum begründet. Für Paulus war es noch klar, dass der Vorsteher einer Gemeinde (Bischof, Ältester, Priester – die Begriffe gehen hier noch durcheinander) verheiratet und ein guter Familienvater sein soll (1 Tim 3,1f; Tit 1,6f). Seine Logik ist von einer frappierenden Bodenständigkeit: „Wer seinem eigenen Hauswesen nicht vorstehen kann, wie soll der für die Kirche Gottes sorgen können?" (1 Tim 3,5)

Gegen Ende des ersten Jahrhunderts waren die christlichen Gruppen alles andere als deutlich ausgeprägt. So gab es umherwandernde Prediger, von denen viele ehelos lebten. Die Erlaubnis zur Verkündigung erteilten ihnen jedoch immer noch die amtlichen Vorsteher der Gemeinden, also die angesehenen Familienväter. Zwei Entwicklungen in dieser frühen Zeit sind zum Thema Männer nicht uninteressant. Zum einen kam es sehr bald schon zu männlichem Machtmissbrauch, den Paulus offensichtlich nicht vorhergesehen hatte. Das Amt des Vorstehers wurde in einigen Gemeinden vom Vater an den Sohn und in einer Gemeinde sogar bis in die achte Generation weitervererbt. Auf diese Weise entstanden in einzelnen Gemeinden Familienclans, denen es nicht mehr nur um den Dienst an der Gemeinde ging, sondern auch um den eigenen Machterhalt. Zum anderen gab es in dieser frühen Zeit schon die ersten Spannungen zwischen den gestandenen Familienvätern und den freischwebenden Wanderpredigern. Die Ersteren standen klar in ihrer jüdischen Familientradition, hatten die Verantwortung für ihre Frauen, Kinder und Angehörigen, für Äcker, Vieh oder Geschäft und dann auch noch für die Gemeinde. Ihr Leben war geprägt von Arbeit und sozialer Verpflichtung. Und dann kamen da die ehelosen Wanderprediger, die von all dem nichts wissen wollten. Wenn so einer auch noch überzeugt war, dass sich die wahre Luft des Reiches Gottes nur auf der freien Landstraße atmen ließe, so konnte ein gestresster Familien-Gemeinde-Vater schon rot sehen. Die Abwertung dessen, der sich abrackert für Frau und Kind, scheint schon sehr früh begonnen zu haben.

Die Wüstenväter

Bevor aus dem Gott der Väter der Gott der Priester und Frauen wird, schiebt sich noch eine Phase abenteuerlichen Christentums ein, die vorwiegend von Männern getragen wurde: die Zeit der Wüstenväter. Es war in Ägypten im Jahre 271, als dem hl. Antonius das vorgezeichnete Leben ebenso zu langweilig wurde wie die vorgegebene Form des Christentums. Nach wilden Nächten und Wochen, in denen er sich allen inneren Dämonen gestellt hatte, zog er sich endgültig zurück in die Wüste und tat: nichts. Weder ging er predigen, noch betreute er eine Gemeinde und gründete auch kein Kloster. Er versuchte allein und nur mit Gott zu leben, mitten in der Natur mit möglichst geringem Aufwand in der ägyptischen Wüste zu überleben. Das Alleinsein war für Antonius ein ungezähmtes Abenteuer und das damit verbundene Zölibat keine auferlegte Pflichtübung mit Schweiß und Pickeln, sondern eines der letzten Abenteuer männlicher Freiheit. Nur, Antonius hätte nie daran gedacht, Priester zu werden.

Mit dem Alleinsein war es allerdings bald aus, denn der ägyptische Asket löste eine unvorstellbare Bewegung aus. Vorerst nahm er willige Schüler auf, die er als väterlicher Mentor betreute. Doch danach kamen bald die Horden von Schaulustigen, die nicht das spirituelle Abenteuer, sondern die Sensationsgier trieb. Immer wieder musste Antonius neue Höhlen suchen und drei Mal wechselte er überhaupt sein Wüstenrevier, um wenigstens zwischendurch wieder das zu haben, worum es ihm ging: mit Gott allein sein und nichts tun. Aus diesem Grund setzten sich etwas später in Syrien Simeon und andere jahrelang auf eine Säule, um von den religiösen Fans Ruhe zu haben.

Die frommen Frauen

Zur gleichen Zeit tat sich in Rom einiges auf der Seite der Frauen. Für die christlichen Männer in Rom waren die bürgerlichen

Pflichten noch die alten: zu heiraten, einen Hausstand zu gründen und zusammen mit der Ehefrau Kinder aufzuziehen. Immer mehr gab es aber wohlhabende Witwen, die vom realen Eheleben enttäuscht waren und gar nicht daran dachten, wieder zu heiraten; schließlich konnten sie es sich auch leisten. Sie fanden im ehelosen religiösen Leben ihre eigene Berufung und nicht wenige ihrer noch jungfräulichen Töchter taten es ihnen gleich. Der Verzicht auf die Männer machte sie frei für ein intensives religiöses Leben unter ihresgleichen.

Es liegt auf der Hand, dass diese Frauen mit großem Interesse die Gerüchte über jene Wüstenväter in Ägypten verfolgten, die zunehmend bis nach Rom vordrangen. Die Verbindung stellte die hl. Paula her, eine wohlhabende römische Witwe, die eine groß angelegte Expedition nach Ägypten organisierte, zu damaliger Zeit ein wagemutiges Vorhaben. Sie war fasziniert von dem, was sie in Ägypten bei den Nachfolgern des hl. Antonius sah und erlebte. Unter diesen Eindrücken und dem nunmehrigen Ideal, derart ganz für Gott da zu sein, bildete sich darauf in Rom die folgenreiche Allianz zwischen den Priestern und den frommen Frauen. In dieser Verbindung und in diesem Milieu kristallisierte sich das Ideal des ehelosen Priesters heraus, zu dem die Kirchenväter das ihre beisteuerten. Auch wenn das Pflichtzölibat für Priester erst im 12. Jahrhundert erlassen wurde, bildete es sich bereits in dieser Phase der Spätantike (4./5. Jahrhundert) heraus.

Aus der Religion der Väter ist die Religion der Priester und der frommen Frauen geworden. Jene, die sich um die materielle Versorgung kümmerten (‚normale' Männer und Frauen), um Schutz und Sicherheit, um die Aufrechterhaltung des Gemeinwesens, um Kinder und deren Erziehung, rückten aus dem Fokus des kirchlichen Geschehens und der religiösen Verkündigung. Den Männern wurden die frommen Frauen wie ein Spiegel vorgehalten, in dem sie nur schlecht ausschauen konnten. Die Rüge des hl. Ambrosius könnte, abgesehen davon, dass heute die Kirche nicht mehr in großer Zahl wächst, auch aus dem 20. Jahrhundert stammen: „O ihr Männer, die ihr alle die Lasten fürchtet, die die Taufe auferlegt. Ihr werdet leicht von eueren Frauen übertroffen. Keusch und dem Glauben hingegeben, sind sie es, deren Gegenwart in großer Zahl die Kirche wachsen lässt." Ein folgenreicher Riss tat sich auf zwischen einem durchschnittlichen Männerleben und dem, was die religiöse Elite für gut und ideal hielt.

Die Zölibatspflicht

Das ehelose Priestertum ist seit der Zeit der Spätantike zu einer kirchlichen Gewohnheit geworden, ohne dass es sich vorerst als gesetzliche Vorschrift durchsetzen konnte. Auch wenn in Kirchenversammlungen öfters das Zölibat eingeschärft wurde, ist in denselben Texten immer wieder die Rede von verheirateten Bischöfen und Priestern. Zum Pflichtzölibat für alle Priester wurde die Lebensform erst 1139 erhoben durch Papst Innozenz II. im Rahmen des 2. Laterankonzils. Damals gab es allerdings ebenso pragmatische Gründe für die Einsetzung des Pflichtzölibats, denn durch das Erbrecht gingen der Kirche bei verheirateten Priestern viele Pfründen verloren. Letztlich dauerte es mindestens bis in die Zeit nach dem Konzil von Trient, bis ans Ende des 16. Jahrhunderts, bis sich das Zölibat der Priester endgültig in der offiziellen Praxis durchsetzte.

Die Religion der Mütter

Zur Religion der Priester und Mütter wurde die ehemalige Religion der Väter im Zuge der industriellen Revolution. Bei den Bauern, Handwerkern und Gewerbetreibenden der vorindustriellen Zeit waren Beruf und Familienleben noch beieinander. Mann und Frau teilten sich die vielfältigsten Aufgaben und in der häuslichen religiösen Erziehung spielte der Vater eine große Rolle. Erst mit der Industrialisierung wird eine konsequente Aufgabenteilung notwendig. Durch die Auslagerung der Arbeit in Industriebetriebe ist der Vater jetzt der, der morgens aus dem Haus geht und abends meist müde heimkommt. Seine Bedeutung in der Familie schrumpft zusehends und neben der Kindererziehung wird auch der Bereich der religiösen Erziehung an die Mütter delegiert. Hier beginnt die Entwicklung, die Religion zunehmend zur angeblichen „Frauensache" werden lässt.

In der ‚vaterlosen Gesellschaft' liegt die männliche Sozialisation mehr denn je in den Händen der Mütter (zu Hause) und Frauen (Kindergarten, Volksschule). Das Fehlen männlich-väterlicher Vorbilder ist im religiösen Bereich besonders gravierend. Gelingt jedoch den Söhnen die notwendige Ablöse von der Mutter nicht und fehlen die männlichen Vorbilder, kann der Junge keine reife Männlichkeit entwickeln. In seiner Not und Orientierungslosigkeit glaubt er, Männlichkeit sei das Gegenteil dessen, was die Mama macht, und verhält sich entsprechend. Wenn also die Mama religiös ist und in die Kirche geht, glaubt der Junge das ablegen zu müssen, um ja als männlich und nicht als ‚weibisch' zu gelten. Wenn dann auch noch die Kirche ihre eigene ‚Mütterlichkeit' an die Fahnen heftet („Man kann nicht Gott zum Vater haben, ohne die Kirche zur Mutter zu haben. Aus ihrem Schoß sind wir geboren, von ihrer Milch werden wir ernährt, durch ihren Geist werden wir beseelt." Kirchenvater Cyprian), dann kann es Männern schon zu viel werden. Wen wundert es angesichts dieser Übermutterung, dass Männer auch gegenüber ‚Mutter Kirche' auf Distanz gehen? Die Mama war immer die, die ihnen sagte, wie sie sich fühlen sollten, und der gegenüber sie sich ständig schuldig vorkamen. Und nun das Ganze noch mal in größerer Dimension? Nein danke, werden sich viele gesagt haben.

Männer und Mutter Kirche

Die Vaterentbehrung ist das eigentliche Dilemma der Männer heute, denn als Muttersohn nehmen sie oft eine Rolle als Partnerersatz ein. Das ist aber eine Rolle, in der sie sich immer als unvollständig erleben und eigentlich immer klein und abhängig bleiben (und sich deshalb oft so aufplustern müssen). Die Selbstwertproblematik der Männer hat viel mit den Erfahrungen mit der Mutter zu tun. In diesen Teppich hinein verwoben sind immer auch Gefühle von Ausgeliefertsein, Abhängigkeit und Schuld. Letztlich hat der Muttersohn nur die Wahl zwischen der Abkehr von der Mutter (= Sünde) und der Rückkehr in die abhängig und unfrei machende Beziehung zur Mutter (Wie konntest du mir so etwas antun?).

Zumindest für Männer drängt sich die Frage auf, ob nicht auch Mutter Kirche in ihrem Verhalten oft dieses Muttersohn-Schema spielt, ob nicht auch die Kirche versucht hat, die Männer möglichst folgsam und schuldig zu halten. Ein klarer Umgang mit Sünde und Schuld macht letztlich frei (Fehler – Einsicht – Geständnis – Buße – vorbei), führt zurück zur eigenen Handlungskompetenz. Anhaltende Schuldgefühle sind das Gegenteil davon, sie machen klein, unfrei, ohnmächtig und abhängig. Die radikale Abnabelung von einer solchen Mutter kann sogar ein wichtiger Schritt zu reifem Mannsein bedeuten. Dabei hätte gerade der Blick auf den Vater sein Heilsames. Es stellt sich fast die Frage, ob Mutter Kirche sich manchmal nicht zu wichtig nimmt und den Söhnen gar den Blick auf Vater Gott verbaut.

Kein Platz für Männer

Männer ziehen sich sehr schnell zurück oder gehen zumindest auf eine gesunde Distanz, wenn sie sich nicht ganz ernst genommen fühlen, wenn eine umfassend männliche Perspektive keinen Platz hat, oder wenn sie nur abgewertet werden. Der Priester und die frommen Frauen sind oft eine zu starke Allianz, eine für Männer fast bedrohliche Phalanx. Unter der Gottesanbeterin fürchten sie in jeder Beziehung aufgefressen zu werden – darum auch die sichere Distanz, der gesunde Abstand, der geschützte Platz hinter der Säule oder in den letzten Kirchenbänken. Angesichts dieser Allianz werfen Männer schnell das Handtuch und verlegen sich auf ‚männlichere' Dinge. Sie zeigen keinen großen Ehrgeiz, in diese dominierende Koalition einzubrechen. Männer versuchen nicht dort ihre Lorbeeren zu verdienen, wo die Frauen immer schon vorher da waren.

Männer tummeln sich nicht gerade in den offiziellen Revieren kirchlicher Frömmigkeit, und das ist ihr Recht. Für sie stellt sich eher die Frage, ob ‚ganze Männer' in der Kirche überhaupt Platz haben? Frauen und Priestern mag diese Frage lächerlich vorkommen, für Männer ist sie existenziell. Richard Rohr hat den Begriff des ‚wilden Mannes' geprägt. Das ist der ganze Mann, der verschiedene Stadien seiner Mannwerdung bereits durchschritten hat und nun klar in seinem Mannsein steht. Dabei hat er sowohl seine Sensibilität und Empfindsamkeit bewahrt, wie auch seine männliche Kraft und Aggression entdeckt und integriert. Er hat gelernt zu kämpfen und ist bereit dazu, wenn es erforderlich ist. Es ist ein Bild reifer Männlichkeit jenseits von Macho, Softie oder jugendlichem Heldentum. Beschäftigt man sich länger mit solchen Bildern reifer Männlichkeit, stellt sich tatsächlich die Frage, ob solche Männer in unserer Kirche überhaupt gefragt sind. „Die Kirche ist kein Platz für uns Männer, da herrschen Spielregeln, nach denen wir nicht mitspielen können", meinte ein Pfarrgemeinderat in einer Diskussion. Der Vorsitzende brachte es dann sehr markig auf den Punkt: „Aggression ist in der Kirche nicht gefragt. In der Kirche darf ich nicht kämpfen, sondern nur gehorchen. Für mich als normalen Mann bleibt nur noch der ‚Gotteslieber', und das ist es nicht für mich. Da gibt es zu wenig Möglichkeiten, mich ganz als Mann einzubringen."

Arbeit und Familie

Das Dilemma hat, wie oben angedeutet, tiefe Wurzeln. Schon früh entfernte sich die Kirche von dem, was den Alltag der durchschnittlichen Männer ausmacht. Da ist einmal die schleichende Abwertung der Arbeit, die in der kirchlichen Verkündigung bis ins letzte Jahrhundert keine Rolle spielt. Arbeit, Politik und der Dienst am Gemeinwesen sind keine positiven kirchlichen Themen, höchstens Zielpunkt der Kritik – hier wurde nie viel von Berufung gesprochen. Es wird zwar gepredigt, dass man Almosen geben und die Armen versorgen müsse, aber nie wurden jene gewürdigt, die das Geld oder die Materialien dafür anschafften. Geld zu verdienen war etwas Profanes, wenn nicht gar Sündhaftes, es zu verschenken galt höchstens als christlich. Würden alle so leben wie die christlichen Prediger, hätte niemand mehr etwas zum Leben. Hier fehlt sicher viel an Würdigung gegenüber dem, was Männer (und natürlich auch Frauen) den ganzen Tag so tun. Ist das nicht auch die elitäre Kehrseite eines ehelosen Religionsgründers? Wenn Maria gegenüber Marta den besseren Teil erwählt habe, so muss doch festgestellt werden, dass Maria samt Jesus verhungert wäre, hätte sich Marta nicht in der Küche abgerackert.

Auch wenn die Kirche den Wert der Familie heute sehr hoch hält, ist es doch fraglich, wie familienfreundlich die kirchliche Tradition tatsächlich ist. Jesus Christus war zweifellos einer der familienfeindlichsten Religionsgründer (Mt 10,35–38 als kleines Beispiel) und auch Paulus fiel nicht allzu viel Aufbauendes für Betroffene ein. Zur Verhinderung der Hurerei solle jeder Mann seine Frau und jede Frau ihren Mann haben (1 Kor 7,2) und die Kirchenväter beten dann diese Ehebegründung über Jahrhunderte nach. Von Anfang stehen nicht Ehe, Familie und Kinder im Vordergrund, sondern die Entsagung; Ersteres ist eher für die Schwachen gedacht. Heute wird in der kirchlichen Verkündigung der Familie ein anderer Stellenwert eingeräumt, und doch sind die Prediger durchwegs solche, die für sich einen anderen, offensichtlich doch höheren Stand gewählt haben, was die Glaubwürdigkeit ihrer Predigt nicht unbedingt steigert.

Gravierender noch für Männer ist allerdings, dass Mutter Kirche offensichtlich doch Söhne hat, die sie mehr liebt als die anderen – eben weil sie auf Sex verzichten. Das Pflichtzölibat für Priester und die Praxis der kirchlichen Sexualmoral treffen Männer im Zentrum ihrer Männlichkeit. Nachdem Männer ihre Sexualität als vitalen Bestandteil des Mannseins erleben, stehen sie in der Kirche einer elementaren Infragestellung ihrer Männlichkeit gegenüber. Noch im Konzil von Trient betonte die Kirche den höheren Wert der Jungfräulichkeit gegenüber dem Ehestand und auch die Mutterschaft und damit die Frau wurde konsequent entsexualisiert. Nach den Priestern, Mönchen und Nonnen kamen die Mütter und erst mit einigem Abstand die Männer. Nur kinderlose Frauen, die nicht jungfräulich lebten, rangierten noch darunter.

Ob es die Kirchenvertreter so meinen oder nicht, das Pflichtzölibat ist aus Sicht der Männer eine ständige schleichende Entwertung der Sexualität und damit eines wesentlichen Teils ihrer Männlichkeit. Es steht außer Frage, dass die frei gewählte Ehelosigkeit eine sinnvolle Lebensform ist und dass es immer solche Menschen geben wird. Schließlich gibt es auch Menschen, denen Sexualität wichtiger, und solche, denen sie nicht so wichtig ist, und es gibt Menschen, die für diese Lebensform wie geschaffen sind. Wenn jedoch argumentiert wird, der Priester müsse zölibatär leben, damit er vollkommen für Christus da sein könne, so wissen die Männer, wie sie dran sind. Sie können nicht vollkommen für Christus da sein, und daran hindert sie erstens die Frau und zweitens die Sexualität. Diese Abwertung der Frau und der männlichen wie weiblichen Sexualität ist mit dem Pflichtzölibat untrennbar verbunden. Im Übrigen ist auch die Geschichte all der Haushälterinnen und Sekretärinnen noch nicht geschrieben, die sich für ihren Herrn Pfarrer abmühen, damit dieser ungestört vollkommen für Christus da sein kann.

Ein älterer Pfarrer meinte in einem Workshop: „Wenn ich denke, was wir den Männern im Beichtstuhl alles erzählt haben, wundert mich nichts mehr." Die kirchliche Beichtpraxis behandelte Männer lange als sexuelle Triebwesen, denen der männliche Beichtvater zwar ein gewisses männlich-joviales Verständnis entgegenbrachte, solange er sein Tun nur regelmäßig beichtete. War kein Kinderwunsch mehr vorhanden, war die Frau entschuldigt, wenn sie dem Mann im Rahmen der ehelichen Pflichten seinen unbändigen Trieb zu stillen gefügig war; so ähnlich hieß es damals. Er musste aber wieder beichten gehen, was dann zunehmend immer weniger taten. Wer Männer nicht mit ihrer Sexualität ernst nimmt, nimmt die Männer nicht ernst, denn sie erleben Sexualität als einen wichtigen und starken Teil ihrer selbst. Während die kirchliche Tradition lange in der ehelichen Sexualität nur einen „erlaubten Gebrauch eines Übels" sah, hat das Judentum, in dessen Tradition das Christentum einst stand, einen ganz anderen Bezug dazu. Ein alter jüdischer Spruch lautet: „Drei Dinge gibt es, die den Vorgeschmack auf das andere Leben geben: die Sonne, der Sabbat und der Beischlaf."

Männlichkeit ernst nehmen

Die Rede von der vermeintlichen Männerkirche verhindert jedes weitere Nachdenken über Männer und es schützt vermutlich auch die Kirchenmänner vor einer weiteren Beschäftigung mit ihrer Männlichkeit. Stattdessen werden die Männer eher mehr oder weniger liebevoll gemaßregelt. In einer kirchlichen Männerzeitung schreibt ein Seelsorger über Männer im religiösen Gespräch: „Ein junger Mann erzählt mir unter anderem, dass ihm die Anbetung des Allerheiligsten viel bedeutet. Auf mein Nachfragen hin begründet er seine Aussage: Hier hat er Christus in der Brotgestalt vor Augen, hier erfährt er die Nähe Gottes, das Vertrautsein ist ganz einfach vorhanden. Noch immer nicht zufrieden frage ich weiter: Und? Schweigen, dann: na, jetzt fällt mir nichts mehr ein. ‚Ist die Eucharistie nicht das Zeichen seiner Liebe zu uns, einer Liebe, die sich ganz für uns hingibt?' Mein Gesprächspartner nickt und bedeutet mir, dass er alles, was er gesagt hat, in diesem Sinn gemeint hat. Gemeint schon, gesagt nicht. Männern fällt es nicht leicht, über den Glauben zu reden."

Was dieser Priester hier wohlmeinend erzählt, grenzt fast schon an klerikale Präpotenz. Ein Mann, dem sogar die Anbetung des Allerheiligsten noch etwas bedeutet und der darüber für einen Mann viele und klare Worte findet, wird zum Paradebeispiel dafür gemacht, dass Männer sich schwer tun, über ihren Glauben zu reden, nur weil er die schwammigen Liebesformeln seines Seelsorgers nicht wie im Katechismusunterricht aufsagt. Ohne diesen geistlichen Herrn exemplarisch an den Pranger stellen zu wollen, verdeutlicht das Beispiel noch einmal: Die Kirche hat ein Problem mit den Männern und auch damit, Männlichkeit ernst zu nehmen.

Männer wollen geholt werden

Männer sind vielleicht für einen Pfarrer nicht so pflegeleicht wie Frauen, besitzen weniger Charme, sind möglicherweise schwerer lenkbar und kommen nicht von selbst. Der Schweizer Männerpfarrer Josef Brun spricht da eine ganz andere Tonart, denn er hält Männer „für das beste Anlagekapital einer Pfarre". In einem Artikel in der Schweizerischen Kirchenzeitung entwickelte er schon vor Jahren praktische Perspektiven: „Viele Pfarrer klagen, es sei noch nie gelungen, Männer zur Mitarbeit in der Pfarrei zu bewegen. Dies mag zutreffen, doch sei hier die Frage gestellt, wie ernst und vor allem für eine wie konkrete Aufgabe dies auch wirklich versucht worden sei. Im Gegensatz zu Frauen, die sich oft selber bewerben, geschieht dies durch Männer praktisch nie. Sie wollen geholt werden, am Arbeitsplatz, in der Familie, beim Hobby, in der Freizeit, und sie sagen lange nicht immer ab, sondern nehmen im Allgemeinen gerne Aufgaben an – temporär oder dauernd –, bei denen sie nicht dienen, sondern helfen können. Männer wollen mit ihrem Tun, wenn es schon freiwillig und unentgeltlich zu sein hat, etwas schaffen, bei dem sie ihre Tatkraft, ihr Geschick, ihre Erfahrung, ihren Esprit einsetzen, ja eine gewisse diskrete Überlegenheit demonstrieren können. Das nennen sie dann eben helfen." Und so sind sie eben, möchte man(n) noch hinzufügen.

Der Generalbass

Ein versöhnliches Bild soll den Schluss machen. In der mehrstimmigen Musik der Barockzeit gibt es neben den Melodiestimmen den Generalbass, die tiefe Stimme, die oft im Kontrapunkt nicht nur mit, sondern auch gegen die Melodiestimmen verläuft. Nur im Zusammenspiel aller Stimmen ergibt sich aber die wirkliche Harmonie. Einstimmige Gesänge werden auf Dauer monoton und langweilig. Individualität wird zu Gunsten des Einklangs geopfert. Selbst der einstimmige gregorianische Choral braucht den Widerhall des Kirchenraumes, damit er akustisch nicht austrocknet. Im profanen Bereich eignen sich einstimmige Gesänge am besten fürs Bierzelt oder für Parteitagsaufmärsche. Gelungene Mehrstimmigkeit hält die Spannung der einzelnen Individuen aufrecht und bildet eine komplexe Form von Harmonie. Gemeinsamkeit geht nicht auf Kosten von Individualität und umgekehrt. Die Pole werden in Spannung gehalten und das Ganze kann fruchtbar sein.

Wäre das nicht auch ein fruchtbares Bild für die Kirche heute? Der Priester und die Frauen bilden die Melodiestimmen und die Männer übernehmen den Generalbass. Der Generalbass allein wäre ein unsägliches Gebrummel und die Melodie allein verkäme zum Schlager. Zusammen aber bilden sie eine größere Harmonie zur Ehre Gottes, wie schon Johann Sebastian Bach meinte: „Der Generalbass ist das vollkommenste Fundament der Music welcher mit beiden Händen gespielt wird ... damit dieses eine wohlklingende Harmonie gebe zur Ehre Gottes und zur Ergötzung des Gemüths."

Mann – Frau – Priester. Eine Aufstellung

Die Arbeit mit Aufstellungen stammt aus der systemischen Familientherapie. In der hier angewandten Form wurde sie von Bert Hellinger entwickelt. Im therapeutischen Zusammenhang stellen Klienten mit Stellvertretern aus der Gruppe ihre Herkunfts- bzw. Gegenwartsfamilie auf. Die vom Klienten an ihren Platz gestellten Personen können erstaunlich klar formulieren, wie es ihnen dort geht. Damit ist es möglich, familiäre Verstrickungen sichtbar zu machen und Lösungsbilder zu entwickeln. Später wurden mit dieser Methode auch komplexe Organisationen aufgestellt und bearbeitet. In einem Workshop mit Männern zum Thema „Mann in der Kirche" hat ein Teilnehmer die Konstellation von Mann – Frau – Priester in der Kirche aufgestellt. Überraschend war die Klarheit, in der sich die aufgestellten Personen spontan äußerten. Die Aufgabenstellung hat einen sehr hohen Abstraktionsgrad, weshalb vom Ergebnis der Aufstellung auf Einzelpersonen keine Schlüsse gezogen werden können. Dennoch zeigte sich die Logik eines Systems oder besser eines Aspekts des Systems Kirchengemeinde. Die vorliegende Aufstellung macht eine bestimmte Dynamik sichtbar. Sie ist ein Bild, das helfen kann, mehr nicht.

Bild der Aufstellung (Ausgangsaufstellung):

Mann (M), Frau (F), Priester (P)

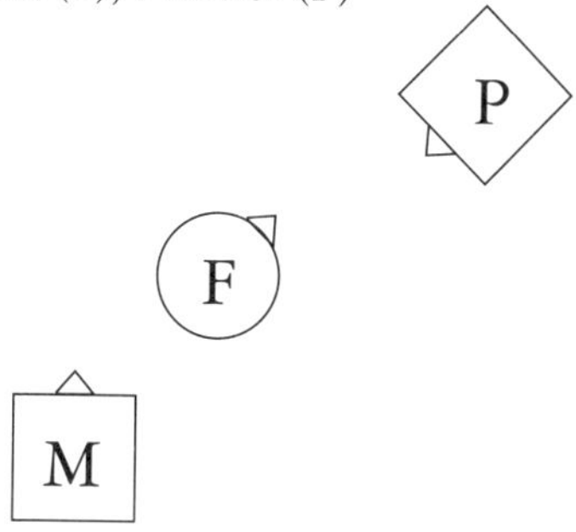

Mann:
Ich fühle mich nicht ganz wohl hier. Meine Frau ist so weit weg von mir und zudem sehe ich sie nur von hinten. Den Priester sehe ich nur im Augenwinkel, d. h. eigentlich sehe ich ihn gar nicht. Da müsste ich mich eigens umdrehen. Ich habe mit dem Ganzen nicht allzu viel zu tun. Mich zieht es vielmehr da {links zum Fenster} hinaus. Da sehe ich den Wald und die Natur, da würde ich mich wohler fühlen. Das hat mehr mit mir zu tun.

Der Mann fühlt nicht sehr wohl in diesem System. Er hat das Gefühl, dass er keine besondere Rolle spielt, dass es wenig mit ihm zu tun hat. ‚Eine Rolle zu spielen' ist für Männer aber wichtig, vor allem wenn von ihnen etwas erwartet wird. Er hat eher eine Tendenz aus dem System hinaus, da es ist nicht unbedingt ‚seine Sache' ist. Es ist in dieser Konstellation nicht der Ort, in dem er sich sehr engagieren wird. Schließlich gibt es für ihn Bereiche, in denen er bedeutsamer ist. Männern ist es wichtig, in ihrem Tun eine Aufgabe zu haben und bedeutsam zu sein. Wenn Bereiche von Frauen besetzt sind, ziehen sich Männer meistens zurück, da sie nicht mit Frauen um ihren Status ringen bzw. ihre Bedeutsamkeit nicht Frauen abringen wollen. Dies äußert sich dann sehr schnell darin, dass „das nichts für Männer" oder eben „Frauensache" sei. Wichtig ist zu sehen, dass es nicht mit der Sache selbst zu tun haben muss (vgl. 2. Bild), sondern eher daran liegt, dass die Sache in seiner Wahrnehmung von Frauen besetzt ist. Moralische Appelle an den Mann werden in dieser Konstellation wenig fruchten.

Frau:
Mir passt es sehr gut so. Den Mann habe ich genau dort, wo ich ihn möchte. Ich sehe sehr gut zum Priester. Diese Beziehung ist mir wichtig und gibt mir Bedeutung. Überhaupt bin ich hier endlich wichtig und stehe im Mittelpunkt. Wenn es der Pfarrer will, wäre ich hier zu vielen Aufgaben bereit.

In kaum einer Familienaufstellung würde die Frau ihren Mann gerne so weit hinter sich sehen und dann noch sagen, dass sie ihn dort habe, wo sie ihn hin wolle. In diesem Kontext wünscht sie sich den Mann nicht an ihrer Seite, ist ihr seine Unterstützung nicht wichtig. In vielen Familienaufstellungen, in denen die Frau in Distanz zum Mann steht, schätzt sie zwar die Nähe zu den Kindern, bedauert aber doch die fehlende Unterstützung an ihrer Seite. Dem scheint hier nicht so zu sein. Sie schöpft Bedeutung aus ihrer ‚isolierten' Position und erhält Aufgaben, die sie wichtig machen. Die Beziehung zum Priester spielt dabei eine große Rolle. Der Eindruck aus der Aufstellung ist, dass es nicht um eine erotische Beziehung geht, dass es aber doch bedeutsam ist, dass der Priester ein Mann ist.

Priester:
Na ja, das ist genau, wie es ist. So sind wir es gewohnt in der Kirche. So funktioniert es auch. Diese direkte Beziehung zur Frau hat schon etwas Mulmiges. Wenn ich den Mann da hinten sehe, merke ich schon, dass mir etwas fehlt. Aber ich habe keine Ahnung, wie ich dahin komme. An der Frau vorbei kann ich nie.

Für ihn ist diese Konstellation offensichtlich nichts Neues, sondern vielmehr das, was er gewohnt ist. Die starke Orientierung der Frau auf ihn ist ihm etwas unheimlich. Er ist in einem Dilemma: Er weiß, wie sehr er auf die Frau angewiesen ist, und trotzdem ist es ihm fast zu viel. Allerdings scheint er sich damit abgefunden zu haben und ‚schielt' höchstens zum Mann, von dem er nicht weiß, wie er ihn erreichen könnte. Er weiß genau, dass er nicht an der Frau vorbei zum Mann gehen kann. Diese Missachtung würde sein ganzes Unternehmen gefährden, wessen er sich sehr bewusst ist. Der Blick auf den Mann erinnert ihn an seine eigene Männlichkeit und an die Beklemmung in der direkten Beziehung zur Frau. Der Mann könnte ihn entlasten, aber er sieht keinen Ausweg aus dem Dilemma.

Zweites Aufstellungsbild (Umstellung):

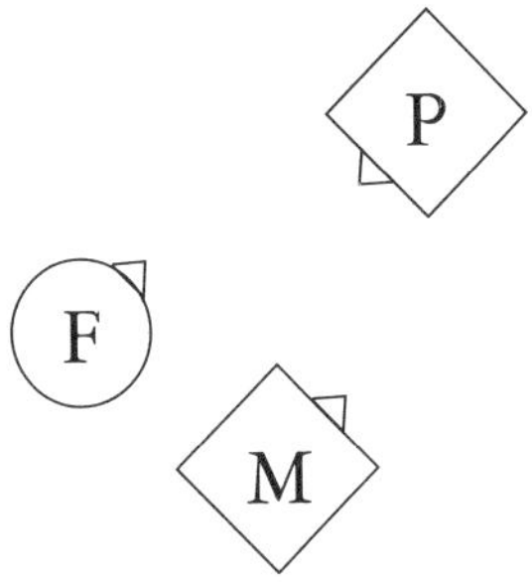

Mann (nimmt plötzlich sehr männliche, fast kämpferische Haltung an):
So würde es mir schon passen. Das gefällt mir gut. Da würde ich mich gern engagieren. Und über dies oder das würde ich mit dem Pfarrer schon kämpfen. Da würde ich mich einmischen. Da passt es mir. Da ist etwas los, da machen wir etwas.

Im Gegensatz zum ersten Bild ist der Mann hier an eine bedeutsame Position gestellt worden. Schon äußerlich war klar zu sehen, dass er an dieser Position ein kräftiges Stück Männlichkeit entfaltet. Er fühlt sich hier nicht nur wohl, sondern entwickelt gleichzeitig ‚kriegerische Energien'. Er zeigt Kraft und Energie, krempelt plötzlich die Ärmel hinauf und ist bereit zum Anpacken. Die Frau neben ihm beeinträchtigt ihn dabei in keiner Weise. Der Priester ist für ihn ein klares Gegenüber, dem er, wie es das Transkript vermuten ließe, nicht mit grundsätzlicher Feindschaft gegenübertritt. Er respektiert ihn in seiner Position. Er ist bereit zur Zusammenarbeit, was für ihn auch die klare Konfrontation einschließt, wo es nötig erscheint. In dieser Perspektive ist ihm der Priester wichtig geworden.

Frau:
Das passt mir gar nicht. Jetzt tritt er zu mir in Konkurrenz und nimmt mir etwas weg. Jetzt bin ich nicht mehr so wichtig. Vorher, als der Mann

hinter mir war, das hat mir viel besser gepasst. Ich muss jetzt zu viel mit ihm teilen und er mischt sich wieder überall ein.

Die Frau ist die Verlierende in dieser neuen Konstellation. Sie sieht den Mann als Konkurrenz, die ihr etwas wegnimmt. Sie hatte einen Bereich, in dem sie sich selbst bestimmen konnte und sich nicht um einen Ausgleich mit dem Partner bemühen musste. Nun reduziert sich ihr Status und ihre eigene Bedeutsamkeit. Für sie stimmt der Austausch von Geben und Nehmen in dieser Konstellation nicht mehr. Offensichtlich geht es weniger um den Priester, den sie mit dem Mann ‚teilen' müsste, sondern vielmehr um ihren angestammten und bislang unumstrittenen Ort. Hier empfindet sie den Mann neben sich nicht als partnerschaftliche Stütze, sondern als lästig, als einen, der sich „überall einmischt".

Priester:
Das ist schon etwas anderes {verliert seine indifferente Haltung}. Das gefällt mir und entlastet mich. Der Mann da, damit kann ich schon etwas anfangen {beginnt zu strahlen} und wegen dem Kämpfen, da habe ich keine Angst. Das machen wir schon. Ich freue mich, dass du da bist.

Dem Priester geht es jetzt offensichtlich besser, zumal er nicht selber sein Dilemma durchbrechen musste. Die Situation entlastet ihn zweifach. Einmal befreit sie ihn aus der eindimensionalen Beziehung zur Frau und andererseits empfindet er den aufgerückten Mann als Entlastung und Unterstützung. Er erlebt sich jetzt stärker als Mann und freut sich über sein männliches Gegenüber. Mögliche Konfrontationen sind für ihn als Mann in dieser Konstellation offensichtlich kein Problem.

Theoretische Lösungen

Im Workshop selber wurden keine weiteren Bilder aufgestellt. Die Dynamik, die sich zeigte, reichte für das anschließende Gespräch. Dabei wurden in Anlehnung an die Aufstellung rein theoretische Lösungsvarianten diskutiert, die plakativ sind, aber anhand der aufgetauchten Logik durchdacht werden konnten.

Mann rückt vor
Dieser Variante liegt das zweite Lösungsbild zu Grunde, bei dem sich gezeigt hat, dass es im Moment noch keine Lösung darstellt.

Mann zieht sich ganz zurück
Ansatzweise ist diese Variante sicher oft schon Realität. Was auf Dauer konsequent passieren würde, lässt sich schwer abschätzen, dürfte aber auch nicht wünschenswert sein.

Frau zieht sich zurück
Warum sollte sie auch? Diese Variante wird keine Lösung sein.

Priester zieht sich zurück
Dies kann keine endgültige Lösung, aber eine aufschlussreiche Denkvariante sein. Was würde geschehen, wenn der Priester Mann und Frau sich selber überlässt? Diskutiert wurden als Beispiele die Sakramentenvorbereitung und die Familienkatechese. Bewegung und Veränderung schafft diese Variante allemal. Der Rückzug müsste kein grundsätzlicher sein. Es sind auch Varianten des sich partiellen Zurücknehmens denkbar.

Priester geht auf Mann zu
Die Gefahr dieser Variante hat sich bereits gezeigt. Er würde die Frau und damit die Grundlage seiner bisherigen Tätigkeit verlieren. Ein Ersatz des Mannes durch die Frau wäre ebenso keine Lösung, da sich damit nur das Problem mit umgekehrten Vorzeichen wiederholt.

Priester geht noch mehr auf Frau zu
Diese Variante ist nur gefährlich. Der Frau wird es entweder zu viel oder es mutiert ins Erotische. Der Mann wird sich entweder endgültig abwenden oder in den offenen Kampf um die Frau gehen.

Aufgabenstellung dieses Workshops war es, eine Problemstellung sichtbar zu machen. Ein Thema konnte damit eröffnet, aber nicht gelöst werden. Grundsätzlich ist es gut, nicht vorschnell auf Lösungen zu drängen, sondern zuerst einmal Dinge klar zu sehen und es wirken lassen. Vorschnelle Lösungen laufen Gefahr, „Patendlösungen" (P. Watzlawick) zu werden.

Krise und Perspektiven

In systemischer Aufstellungsarbeit gilt, dass es Lösungen nur für einen Teil nicht gibt. Eine Lösung ist nur dann eine solche, wenn sie für alle Betroffenen eine Lösung ist, d. h. wenn es allen besser bzw. gut geht. Der Versuch, Männer kirchlich mehr ins Spiel zu bringen, kann also nicht darin liegen, Frauen etwas wegzunehmen.

Vermutlich wäre es in diesem Workshop nicht möglich gewesen, ein wirkliches Lösungsbild zu entwickeln. Bei einer größeren Aufstellung (mehr Komponenten) zum Thema Kirche hat sich gezeigt, dass es möglicherweise keine fertigen Lösungsbilder wie bei kleineren Systemen gibt. Die Kirche, so legte jene Aufstellung nahe, ist ein System mit einer „Endlosdynamik", d. h. es gibt immer wieder neue Situationen und Veränderungen und die Lösungsbilder dazu sind immer nur der momentanen Situation entsprechende. Endgültige Lösungen im Sinne von „so und so ist und gehört es" gibt es nicht; vermutlich wäre das eher das Ende der Kirche.

Die christlichen Kirchen des Westens sind derzeit in einer großen Krise, die auch die Krise institutionalisierter Religion ist. Die Menschen, Männer wie Frauen, sind zwar auf der Suche nach Spiritualität, aber sie suchen sie zunehmend nicht mehr im Rahmen der traditionellen Großkirchen. Für die Verantwortlichen und kirchlich Engagierten entsteht dadurch zweifellos ein großer Leidensdruck, der schnell nach Lösungen schielen lässt. Auch die gegenwärtige Debatte um Zölibat und Frauenpriestertum scheint auf beiden Seiten von einer gewissen Hektik geprägt, als wollten beide ‚noch schnell etwas retten'. Die angebotenen Erklärungs- und Lösungsmuster werden dabei immer simpler.

Kaum geführt wird eine grundlegende Debatte um das Verständnis des Priesteramtes, viel zu sehr stehen auf beiden Seiten Verteidigungsstrategien im Vordergrund. Wenn der zölibatäre Priester damit verteidigt wird, dass er ‚vollkommen für Christus da sein' müsse, kann dem entgegengehalten werden, dass es im Sinne des 2. Vatikanums vorrangig um einen Dienst an der Gemeinde geht und nicht um die persönliche Heiligung. Dafür waren ursprünglich die Orden gedacht. Wenn einzelne Frauen, die das Priestertum anstreben, damit argumentieren, dass sie Priesterinnen sein wollen, um Seelsorge für die Frauen betreiben zu können, wird damit fundamental der Dienst an der Einheit in Frage gestellt. Dann bräuchte es konsequenterweise schwule Priester für Schwule, Kinderpriester für Kinder, akademische für Akademiker usw. Ebenso steht in der Debatte um die ‚viri probati', die erprobten Männer, von denen Paulus schreibt, nur die Frage des Verheiratetseins im Vordergrund. Viel spannender und wohl auch fruchtbarer wäre es, eine Debatte um das ‚probatus' (erprobt) zu führen. Reicht dafür ein Theologiestudium? Reicht die Bereitschaft zur Ehelosigkeit? Reicht es, Mann oder Frau zu sein? Reicht es, sich selbst berufen zu fühlen? Das alles allein kann es wohl nicht sein.

Der ‚Magier' (Priester, Medizinmann, Schamane usw.) hatte in allen Kulturen eine besondere Stellung inne, die für die Ausübung seines Amtes wichtig war. Die Ehelosigkeit ist kulturell gesehen nur eine Variante dafür. Trotz allen Zölibats besteht heute die Gefahr, dass der Priester als ‚Magier' zum Manager wird und sein Status als ‚Heiler' zwischen Handy und Laptop verloren geht. Vielleicht liegt ein Dilemma des katholischen Priestertums auch darin, dass die archaische Trennung zwischen ‚Häuptling' und ‚Medizinmann' nicht zum Tragen kommt. Die Anforderungen und Charismen dieser beiden Rollen sind derart unterschiedlich, dass es kaum einen guten Häuptling geben wird, der auch ein guter Medizinmann ist, und kaum einen guten Medizinmann, der gleichzeitig ein guter Häuptling ist; meist weiß er zu viel, um dann auch noch entscheiden zu können. Der kirchlichen Verfassung nach hat der katholische Priester aber beides zu sein. Er hat die Leitung der Gemeinde und die letzte Verantwortung inne und muss gleichzeitig Seelsorger und ‚Heiler' sein. Die Frage kann also nicht einfach sein: Wer darf? (Priester werden). Die Fragen müssten vielmehr sein: Was wollen wir heute und für die überblickbare Zukunft unter einem ‚Priester' verstehen? Was ist seine Funktion (so, dass sie auch leistbar ist)? Was erwarten wir von ihm? Und dann: Wer ist dazu fähig? Wie kommen wir zu diesen Menschen?

Eine interessante Beobachtung zum Schluss: Es gibt derzeit eine starke Bewegung von Frauen, die um das Recht zum Priesteramt kämpft. Gleichzeitig gibt es keine Bewegung verheirateter Männer, die auch Priester werden wollen, obwohl sie fürs Erste in der kirchlichen Logik die größeren Chancen hätten.

Männer glauben anders

Eine Männerliturgie

Die grau-schwarzen Häuserfluchten der mittelalterlichen Stadt Gubbio füllen sich im Laufe des Nachmittags immer mehr. Die Öllichter an den Häusern sind schon hergerichtet für die Nacht, aufgeregte Unruhe macht sich unter den Einheimischen breit. Weiße Kapuzenmänner mit roten Kreuzen auf der Brust durchstreifen die engen und schon düsteren Gassen zwischen den wehrhaften Gemäuern. In den Händen tragen sie große Holzratschen, deren penetrantes Klappern durch die Straßen bis in Mark und Bein geht. Alle warten auf den Sonnenuntergang, denn dann beginnt das große Ereignis.

Jeden Karfreitag ist in Gubbio im nördlichen Umbrien bei der ‚Processione del Christo morto' die ganze Bevölkerung auf den Beinen gemeinsam mit meist italienischen Touristen, die extra deswegen anreisen. Es ist eine Karfreitagsprozession, wie sie im katholischen Mittelmeerraum noch oft zu finden ist, wenn auch das trutzige Ambiente des alten Gubbio dem Ereignis einen besonders schaurigen Rahmen bietet. Die Tradition ist alt und die mehrstimmigen Miserere-Gesänge, die von zwei Bruderschaften abwechselnd vorgetragen werden, gehen auf alte Handschriften aus dem 13. Jahrhundert zurück. Die Prozession hat jede Liturgiereform überlebt.

In einer kleinen Kirche hinter der Stadtmauer sind auf Tragbahren zwei Figuren aufgestellt: der Leichnam Christi und die schmerzensreiche Gottesmutter. Den ganzen Tag über pilgern die Menschen Gubbios in diese Kirche, küssen die Füße der beiden Statuen und legen den Raum mit den ersten Frühlingsblumen aus. Gegen Sonnenuntergang kommt Hektik in die Szenerie. Von überall treffen junge und ältere Männer beim hinteren Stadttor zusammen, versammeln sich in zwei Bruderschaften, eine mit blauen und eine mit schwarzen Kragen, und ziehen ihre Kutten mit den geschlossenen Kapuzen an. Schnell wird noch eine letzte Zigarette geraucht, bevor das große Ereignis losgeht. Die letzten der weißen Kapuzenmänner mit ihren Holzratschen kommen vom Rundgang zurück und langsam formiert sich die Prozession, die sich mehrere Stunden durch die nächtlichen Straßen der Stadt ziehen wird.

Allen voran bahnen wieder die Männer mit den Ratschen den Weg frei durch das hintere Stadttor hinein in die Straßen und Gassen, die von unzähligen Menschen gesäumt sind. Ihnen folgt ein bärenhafter Hüne, der ebenfalls nur durch die kleinen Schlitze seiner weißen Kapuze sieht und ein mehrere Meter hohes Kreuz aus einem Baumstamm in seine Hüften gestemmt hat. Ihm folgen wieder Männer in Kapuzen, die große Holzkreuze geschultert haben. Nach einer Abordnung von Ministranten folgt eine lange Reihe weißer Kapuzenmänner, die große Symbole der Leidensgeschichte vor sich her tragen: Hammer, Nägel, Geißel, Dornenkrone, Leichentuch. Von hinten hallt es durch die düstere, von Öllichtern erhellte Gasse: „Miserere mei, deus, secundum misericordiam tuam." Der mehrstimmige Männerchor klingt manchmal fast wie das Blöken einer verängstigten Schafherde. Die Umstehenden werden immer stiller und schauen gebannt mit liturgischer Gänsehaut dem Zug der Männer zu.

Die Chöre werden immer lauter und nun kommt nach den Priestern der Stadt und dem Bischof die erste Bruderschaft mit der Figur des toten Christus auf der Trage. Erstmals wird die Trage abgesetzt und die Prozession steht. Die Männer der Bruderschaft formieren sich neu, haken sich unter und setzen zu einem neuen Miserere an. Sie singen, schreien dieses mehrstimmige Miserere aus voller Kehle, die Adern an Hals und Schläfen schwellen an und jeder gibt sein Letztes. Eine Art von heiligem Schauer macht sich in den Straßen und bei den umstehenden Menschen breit.

Noch bevor der Gesang verklungen ist, wird das Traggestell wieder geschultert und die Prozession zieht weiter. Auf allen größeren und kleineren Plätzen der Stadt brennen Scheiterhaufen, die lodernd das nächtliche Dunkel der engen Gassen erhellen, immer wieder durchbrochen vom unsäglichen Klappern der großen Holzratschen und den Männerchören, sei es nah oder fern, je nachdem wo sich die Prozession gerade befindet. Es geht schon fast gegen Mitternacht, bis sie alle wichtigen Straßen der sich teilweise steil den Berg hinaufschlängelnden Stadt durchzogen hat.

McDonalds-Liturgie

Einen größeren Szenenwechsel als den zu einer heutigen Familienmesse in einer engagierten Pfarre gibt es wohl kaum. Da kann schon deutlich werden, was manch ein Spötter mit ‚McDonalds-Liturgie' meint. Unlängst selbst erlebt: Einen Teil des Wortgottesdienstes bestritt die Religionslehrerin mit Unterstützung von einigen Müttern. Es ging um das Thema Träume und die Kinder kamen hinaus vor den Altar, wo sie mit Zeichnungen ihre Träume präsentierten. Da ging es schon auch um Frieden, Gesundheit, um Mama und Papa, mehr jedoch noch um das Handy oder neue Nike-Schuhe. Kommentarlos wurde dann vom Thema Träume übergeleitet zu Seifenblasen. Die Kinder durften einige in den Kirchenraum steigen lassen und weil es so schön war, bekamen am Ende alle Kinder, dem Sponsor wurde natürlich gedankt, noch ein Fläschchen Seifenblasen-Wasser zum Heimnehmen.

Es war ungefähr das, was Hans Conrad Zander in seiner bissigen Art beschreibt: „Wer heute bei uns eine christliche Kirchgemeinde betritt, der könnte in der Tat meinen, er sei ins Kinderparadies von Ikea geraten. So nett und lieb ist alles. So familienfreundlich. Von nichts anderem ist da die fromme Rede als von der Familie als höchstem Wert. Und heißt die Pastoralassistentin einen in der Gemeinde willkommen, dann lächelt sie so nett, als wäre sie das Fräulein bei Ikea: ‚Haben Sie schon unsere family card?'" (Zander, Als die Religion noch nicht langweilig war, 37).

Es geht hier nicht um die Frage von Zielgruppen-Messen, wobei dann auch nach Männer-Messen gefragt werden müsste. Doch nicht selten erinnern die heutigen Eucharistiefeiern eher an das sonntägliche Sahnehäubchen als an eine Begegnung mit Gott, die bekanntlich nie ganz gefahrlos war. Manche gestaltpädagogisch orientierten Gottesdienste erinnern schon fast an „Taxi Orange" – alles ist so nett und kuschelig und gefühlvoll, mit lieben Symbolen und hübschen Liedern, und trotzdem bringt es nichts Großes zum Schwingen, bei den Männern schon gar nicht und vermutlich auch nicht bei vielen Frauen. „Ich halte diese Hallelujaschlümpfe nicht mehr aus", meinte ein Mann.

Pädagogik statt Rituale

Was sich früher einmal oder wie im extremen Beispiel Gubbio als spektakuläre Liturgie präsentierte mit vielfältigen mythologischen Bezügen zum Numinosen, ist heute nicht selten eine Art reglementierter Informationsveranstaltung. Wenn Liturgie und Sakramente ihrer sinnlich-rituellen Dimension beraubt zur Glaubensschule werden, besteht die Gefahr, dass Religion zur Weltanschauung, Symbole zur Propaganda und Liturgie zur Pädagogik wird. Natürlich sind manche Rituale auch zur Schablone verkommen und wurden deshalb nicht weiter aufrechterhalten. Die Frage, die aber heute neu gestellt werden muss, ist, ob nicht im Zuge einer Zeiterscheinung manchmal das Kind mit dem Bade ausgeschüttet wurde. Dabei würden solche Rituale gerade Männer besonders ansprechen. Ein junger, erfolgreicher Unternehmer und Regionalpolitiker meinte bei einer Podiumsdiskussion: „Wenn öfter die Schubertmesse gesungen würde, ginge ich auch mehr in die Kirche. Das erfüllt mich jedes Mal mit einem Schauer, der viel mit Sehnsucht und Gefühl zu tun hat."

Liturgie und Indianerspielen

Bei der Karfreitagsprozession in Gubbio wird dem Besucher intuitiv klar, dass das eine Männerliturgie ist, nicht nur weil keine

Frauen aktiv beteiligt sind, sondern weil es Frauen zweifellos nicht in dieser Form machen würden; was keine Wertung sein kann. Es ist aber den Versuch wert, an diesem Beispiel und vielleicht auch im extremen Kontrast das Gespür zu schärfen für das, was daran spezifisch männlich und was darin Elemente einer männlich gelebten Spiritualität sein könnten. Grundsätzlich ist anzunehmen, dass die Männer von Gubbio nicht religiöser sind als andere und zweifellos am Sonntag nicht häufiger zur Messe gehen als die Männer einer anderen Stadt. Was aber ist am Karfreitag anders?

Das Spektakuläre und Eigenartige dieser Veranstaltung kann grundsätzlich auf eine einfache Formel gebracht werden. Was hier exemplarisch gelingt, ist die Verbindung zwischen Liturgie und Indianerspielen – ohne das eine oder andere damit zu verniedlichen. Das Ganze findet draußen statt, die Männer sind in Bewegung, es ist etwas los und es gibt zu tun. Gleichzeitig muss es keiner selbst erfinden, sondern sie folgen einem vorgegebenen Plan, praktizieren einen gemeinsamen Mythos. Hinzu kommt, dass sie verkleidet sind, und sogar die Carabinieri begleiteten den Zug in ihrer Paradeuniform. Die Männer haben vielfältige und vorgegebene Rollen und Aufgaben und nicht zuletzt gleicht das Unternehmen einem Abenteuer.

Dieses Abenteuer wirkt nicht nur auf die Zuschauer unheimlich, sondern birgt tatsächlich viel Unheimliches, das durch das Ritual kanalisiert wird, aber trotzdem aktiv ist und nicht zuletzt in der gebändigten Kraft der Akteure spürbar zum Ausdruck kommt. Nicht unwichtig wird sein, dass die Männer dabei gleichsam unter sich sind. Ein derartiges religiöses Abenteuer, vergleichbar mit Wallfahrten und Pilgerschaften, hat auch seine kathartische, reinigende Wirkung. Ein Teil dieser Wirkung liegt schon im damit verbundenen Aufwand, in der Anstrengung und der Ausdauer, in der Herausforderung, die an die Männer gestellt ist.

Und die Kapuzen? Letztlich sind sie das Gegenstück zu männlicher Profilierungssucht und signalisieren: Es ist egal, wer darunter ist. Es kommt auf die Gemeinschaft an, nicht auf den Einzelnen, auf die Sache, der man(n) dient. Nicht zuletzt erinnert es an Beerdigungen am Land, wo viele Männer gemeinsam aufmarschieren und die Vereine noch eine bedeutende Rolle spielen. Männer bilden gerne Seilschaften, ihnen liegt das Tun in der Gemeinschaft, das Leben im Rudel. Und doch ist es keine Gemeinschaft, die im Kreis sitzt und sich gegenseitig in die Augen schaut. Es ist eine Gemeinschaft, die verbunden ist im gemeinsamen, handfesten Tun, im Gehen, Singen, Werken. Und nicht zuletzt ist es, zumindest in diesem Fall, ein Rudel, das sich nicht gegenseitig anstarrt, sondern auf einen wenn auch numinosen Größeren schaut, dem sie gemeinsam dienen.

Unvergesslich für alle Besucher bleiben die Gesänge, die mehrstimmigen Männerchöre, die die Prozession begleiten, eine Form von Gesang, die, so schräg und erdig sie klingt, weit entfernt ist von jeder glatten Betulichkeit. Diese Gesänge sind ein starker, männlicher Ausdruck von Gefühlen, von Trauer und Schmerz, verbunden mit einer Form von Rührung und Betroffenheit, die tief hinein reicht und umgekehrt aus dem Bauch kommt. Man gewinnt den Eindruck, diese Männer würden ihre inneren Leiden selbst von der Seele schreien. Aber, und das ist nicht unwichtig, sie tun es gemeinsam und in einer ritualisierten Form. Es erinnert so gar nicht an das moderne Psychogehabe: „Und jetzt drück einmal aus, wie es dir geht dabei."

Männer glauben anders. Frauen auch

Den Menschen als Menschen gibt es nicht. Es gibt ihn nur als Mann oder Frau, wie es schon in der Bibel steht: „Und Gott schuf den Menschen, als Mann und Frau erschuf er ihn." Die Einsicht, dass Männer und Frauen verschieden sind und sein dürfen, kann für beide eine Entlastung bedeuten und ebenso eine Bereicherung. Solche Unterschiede sind in vielen Bereichen bereits rekonstruiert worden. „Warum Männer nicht zuhören und Frauen schlecht einparken“ von Allan und Barbara Pease steht seit Monaten an der Spitze der Bestsellerlisten und die Bücher von John Gray tun dies seit Jahren. Ohne in dieser Flut von Neuerscheinungen alles für bare Münze zu nehmen, scheint es doch eine neue Wende nach dem ‚Geschlechterkampf‘ zu geben. Damit werden weder die persönlichen noch die gesellschaftlichen Probleme von Mann und Frau auf einen Schlag gelöst, aber es erleichtert das Bemühen um Lösungen, wenn man sich das jeweilige Anderssein nicht mehr vorwirft, sondern es zulässt und achtet, ohne einander abzuwerten.

Weiblichkeit in der Kirche

In Bezug auf Spiritualität und Religiosität wurde die Frage nach dem Anderssein noch kaum einmal gestellt. Dabei geht es nicht um die Glaubensinhalte (Glauben Männer an etwas anderes?), sondern vielmehr um Zugänge zum Glauben, um Formen, in denen er sich ausdrückt, um Praktiken, in denen Religiosität gelebt wird. Konkret kann es auch die Frage sein, welche pastorale oder liturgische Ausrichtung eher Frauen oder Männer anspricht. Diese Frage ist wichtig, um Männer wieder in die pastorale Wahrnehmung zu bekommen, denn die kirchliche Praxis scheint sich bei allem Gerede von Männerkirche heute doch eher an weiblichen Mustern zu orientieren. Dabei kann es sich, wie Richard Rohr betont, auch um falsche Weiblichkeit handeln, welche gerade bei manchen Kirchenmännern verbreitet ist.

Das mag auf Anhieb nebulos klingen – ein Zitat von Roland Juchem, der zum Thema ein Arbeitsheft herausgegeben hat, macht es deutlicher: „‚Bei vielen Männern in der Kirche (Pfarrer, Pastoralreferenten ...)‘, so schrieb mir ein befreundeter Theologe, der unter anderem in der Ehe- und Familienberatung tätig ist, ‚habe ich schon lange den Eindruck: da sind sehr viele Softies dabei, kaum konfliktfähig, aggressionslos, und dennoch – oder vielleicht gerade deshalb – glaube ich, dass Softie-Sein auch eine

Form von Macho-Sein ist.‘ Doch Männer sind mehr als falsche Frauen. Viele erwarten anderes, eine entsprechende Ungeduld und Spannung ist unverkennbar: ‚Viele Pastis und Pfarrer‘, so schreibt der Kollege weiter, ‚sind Softies, die den Schwanz einziehen, sobald es nach Konflikt aussieht. Sie sterben in ihrer Harmoniesucht, bzw. werden depressiv. Dabei bleiben sie vor allem selbstbewussten Frauen im Letzten wirkliche Partnerschaft schuldig.‘ Der Archetyp des Kriegers ist der Kirche verloren gegangen.“ (Juchem, 9)

Zweipoliges Modell

Doch nun zurück zur Frage: Glauben Männer anders als Frauen? Selbstverständlich können nicht eindimensional Eigenschaften ‚den Männern‘ oder ‚den Frauen‘ zugesprochen werden. Wie die Hormone zeigen, ist der Mensch in sich ein zweipoliges Wesen. Mann wie Frau haben jeweils auch die Geschlechtshormone ihres Gegenübers in sich. In diesem Sinn kann von männlichen und weiblichen Mustern (Kommunikationsmuster, Glaubensmuster usw.) gesprochen werden, die jeweils beide in sich haben. Nur ist bei den Männern eben mehr dieses und bei den Frauen mehr das andere Muster bestimmend. Die zweipolige Sichtweise verhindert das gegenseitige Ausspielen von Mann und Frau. Beide Muster haben je nach Situation ihre Stärken und Schwächen und vor allem ergänzen sie sich. Sie werden eigentlich erst fruchtbar, wenn sie in einer lebendigen Spannung zueinander stehen.

Zweipolige Systeme leben vom lebendigen Ausgleich, und das gilt auch für die Kirche und die pastorale Praxis. Vereinseitigt und ohne das jeweilige Gegengewicht sind die Pole allein nicht lange lebensfähig. Das eine Muster braucht das andere zur Ergänzung und zum Ausgleich. Plakativ kann gesagt werden, dass das männliche Muster einseitig und übertrieben gelebt zur Erstarrung führt, das weibliche ins Chaos – beide brauchen das

Gegenmuster zum Ausgleich. Wenn das Männliche mit M bezeichnet wird und das Weibliche mit W, so hat, analog zu den Hormonen, auch der Mann ein kleines w in sich und die Frau ein kleines m:

Dieses Muster ist so etwas wie das Betriebssystem Gottes, das offensichtlich schon in der Schöpfung grundgelegt ist und das Leben schön, spannend und manchmal auch konfliktreich macht. Nicht zuletzt schafft es eine große Vielfalt auch unter Männern und unter Frauen. Wenn also im Folgenden Polaritäten in eher überzeichneter Weise vorgestellt werden, so geht es um ein kreatives Spannungsmuster für den spirituellen Bereich, das dem konkreten Nachdenken über Mann und Frau in der Kirche und ihre religiösen Bedürfnisse dienen soll.

Tremendum versus fascinosum

Die Theologie spricht vom Glauben als dem ‚mysterium fascinosum et tremendum', dem Geheimnis des Faszinierenden und Erschreckenden, übersetzt man es einmal wörtlich. Das Diktum möchte verdeutlichen, dass im Glauben einerseits das Faszinierende des Lebens aufgehoben ist, das Wunder des Lebens selbst ebenso wie die Liebe zwischen den Menschen und zu Gott, gleichzeitig aber auch das Erschreckende und Unheimliche wie Tod und Leid, die alltägliche Erfahrung von Grenzen und Ungenügen. Beides ist Teil des Lebens, das Schöne ebenso wie das Schreckliche und beides ist und muss Teil des Glaubens und der religiösen Praxis sein. Der Blick auf das Erschreckende allein führt zur Lähmung bis zur Erstarrung, zu Angst bis zum Horror, zum Stillstand angesichts des Gegebenen. Der Blick auf das Faszinierende allein führt zu einer ungeerdeten Euphorie, die keine Grenzen kennt, zu einer Verschmelzung in gemeinsamen Glücksgefühlen, die letztlich alles Individuelle ignoriert und im Chaos endet.

‚Fascinosum' wie ‚Tremendum' sind Teil derselben Sache und stehen in Spannung. Das männliche Muster scheint mehr auf der Seite des ‚Tremendum' zu stehen, das weibliche mehr auf der Seite des ‚Fascinosum'. Vielleicht ist es gerade ein Merkmal männlicher Spiritualität, dass das Erschreckende des Glaubens wesentlich mit im Spiel ist und deshalb jeder Form gehübschter Frömmigkeit widersteht. Männliche Kraft und Aggressivität weiß um schreckliche Gratwanderungen und Abgründe, um die Schatten des Lebens. Reife Männlichkeit ist sich aber auch bewusst, dass diese Elemente nicht verdrängt oder abgespalten werden dürfen. In der Kirche aber finden Männer selten ‚ordentliche' Kanäle, um einen Überdruck abzulassen. Die alttestamentlichen Psalmisten durften noch fluchen und klagen, den heutigen Männern ist das kaum mehr gestattet oder es wird zur männlichen Unart degradiert.

In der heutigen kirchlichen Praxis scheint vieles den Männern zu harmonisch, zu heil und schön, letztlich ‚zu fromm'. Ihre Lebensrealität kommt darin kaum vor und sie kommen dabei auch nicht zu sich selbst. Gegen einen ordentlichen liturgischen Schauer haben sie nichts, es darf hinten runterfahren, aber wenn alles nur noch hübsch und nett ist, wird es für sie belanglos und unbedeutend. Es hat letztlich nichts mehr mit ihnen zu tun und kann sie nicht erreichen. Wenn ihnen dann auch noch das Weiblich-Harmonische als moralisches Vorbild entgegengehalten wird, sind die Männer endgültig weg, weil sie sich nicht mehr ernst genommen fühlen. Vielleicht müsste man den Priestern zwischendurch eine Männergruppe verordnen.

In der christlichen Verkündigung kommt noch eine Tendenz hinzu, die schon bei Paulus beginnt: „Die Frucht des Geistes aber ist Liebe, Freude, Friede, Langmut, Freundlichkeit, Güte, Treue, Sanftmut und Selbstbeherrschung" (Gal 5,22f). Das scheint schon wie gegen die Männer geschrieben zu sein. Daneben spricht aber auch Paulus davon, dass „mit den Waffen der Gerechtigkeit in der Rechten und in der Linken“ (2 Kor 6,7) für das Reich Gottes zu streiten sei. Zu viel Gerede von Sanft- und Langmut ignoriert nicht nur das Bestreben von Männern, etwas zu tun, sondern auch das ‚Tremendum‘, die Tatsache, dass mit Sanft- und Langmut allein das Leben nicht zu bestreiten ist und dass es nicht nur daraus besteht. So gesehen ist es kein Wunder, dass manch einem Pfarrer die Frauen einfach pflegeleichter vorkommen. Doch letztlich hat ja Jesus (siehe unten) den Menschen nicht nur die Füße, sondern auch den Kopf gewaschen.

Phallisch versus ‚utural‘

Und was soll nun das Ganze noch mit Sexualität zu tun haben? Richard Rohr liefert mit einer Bemerkung einen interessanten Ansatz: „Das Leben ist zu sehr nach innen gerichtet. Das gilt auch für viele Teile der heutigen Kirche. Sosehr behauptet wird, dass die Kirche von Männern dominiert sei, tendiert sie doch insofern dazu, ‚weiblich‘ zu sein, als sie ständig mit sich selbst beschäftigt ist. Sehr oft fehlt ihr jeder Sinn für einen Auftrag und eine Sendung, jeder Blick für ein größeres Ganzes. Vielleicht ist das einer der Gründe dafür, dass viele Männer von der Kirche nicht angezogen werden. Da ist zu viel mütterliche Nestwärme und zu wenig phallische Energie.“ (Rohr, Masken, 144)

Die Diskussion in einer Pfarre war vor allem seitens einiger frommer Männer sehr heftig, als der Referent gemäß Richard Rohr mehr phallische Energie in der Kirche forderte. „Wollen Sie jetzt die Kirche auch noch zu einem Wirtschaftsbetrieb machen?“, kam nach einiger Zeit. Es roch wirklich nach mütterlicher Nestwärme. Interessanterweise sind immer wieder Männer mit beruflichen Spitzenpositionen in betont traditionellen Gruppierungen zu finden. Es sind Männer, die in Beruf und Öffentlichkeit durchaus phallisch ihren Mann stellen, sich in spirituellen Fragen aber gleichsam spalten und in einen sicheren kirchlichen Uterus flüchten, wobei nicht unbedeutend ist, dass es sich letztlich meist wieder um Männergemeinschaften handelt. Der größte Teil der Männer glaubt keine Wahl zu haben, als generell reinen Tisch zu machen: Religion ist Weibersache. Das schließt allerdings nicht aus, dass sie in besonderen (rituellen!) Zusammenhängen dann doch wieder strammstehen.

Wenn schon das männliche Glied (phallisch) zum Modell wird, kann entsprechend die weibliche Gebärmutter (‚utural') zumindest sprachlich strapaziert werden – ganz reizlos ist es nicht. Dann gilt dem phallischen Muster mehr das Draufgängerische, Eindringliche und Vordrängende, das Theatralische vielleicht auch. Kraft und Aggression, kirchlich eher als destruktiv gesehen, können etwas weiterbringen, Klarheit schaffen und für Grenzen sorgen. Das ‚uturale' Muster setzt hingegen mehr auf Gemeinsamkeit, auf Beziehung und Harmonie, auf Geborgenheit. Phallische Energie allein führt in unkontrollierte Tätigkeit, zu Verausgabung und Herzinfarkt, zu einsamem und unsinnigem Heldentum. ‚Uturale' Energie allein führt zum Verschlungenwerden, zur Vereinnahmung, zum lächelnden Korsett, zur Pseudoharmonie, die letztlich Ordnung und Orientierung verliert.

Aus männlicher Sicht propagiert die Kirche heute eher das ‚uturale' Muster, wenn von Geborgenheit und Beheimatung in der Kirche die Rede ist. Religiöse Verwurzelung ist Männern vielleicht wichtiger, als es scheinen mag, doch vor dem kirchlichen Uterus scheuen sie instinktiv zurück. Wenn, dann würden sie diese Geborgenheit lieber im Männerrudel suchen als bei der Allianz von Priestern und Frauen. Das ist sicher mit ein Grund, warum in ländlichen Gemeinden heute noch während der Messe Männer meist im Rudel hinter den Sitzbänken stehend verweilen. Es ist die Angst vor zu viel Vereinnahmung. Männer suchen weniger die Beheimatung im Schoß von Mutter Kirche als vielmehr die Herausforderung. Es geht ihnen weniger um Geborgenheit als vielmehr um eine Aufgabe und sie wollen als Männer wahrgenommen, akzeptiert und herausgefordert sein.

Mythen versus Psychologie

„Die Männer können einfach nicht so gut ihre Gefühle ausdrücken", meinte ein Pfarrer in einer Diskussion zum stärkeren Engagement der Frauen in Glaubenssachen. Damit trifft er einen allgemeinen Tenor unserer Zeit, der Männern generell einen verkümmerten Umgang mit Gefühlen, ja oft sogar Gefühlskälte attestiert. Die These wird manchmal auch von männlichen Autoren vorgebracht, die sich am weiblichen Muster orientieren und Männer damit schnell als Mangelwesen erscheinen lassen. Wenn Glaubensleben mit dem Ausmaß von Gefühlsausdrücken gleichgesetzt wird, haben Männer vermutlich nie eine Chance. Da werden ihnen die Frauen immer überlegen sein. Männerglaube wird daneben immer karg, einsilbig, stumm und mickrig wirken. Stimmt aber die Formel: Glaube ist Gefühle ausdrücken? Und gibt es nicht auch noch andere Arten Gefühle zum Ausdruck zu bringen als die bekannten weiblichen? Der Pfarrer meinte es gut, aber er hat nicht gemerkt, dass sich sein spirituelles Angebot fast ausschließlich am weiblichen Muster orientiert.

„Männer dürfen nicht in das Korsett der Psychologie gezwungen werden, sondern wir müssen ihnen ihre Großartigkeit, ihre Suche nach den Mythen erlauben, damit sie ihre Energien in die Zivilisation einbringen können", fordert der Psychotherapeut und Männerforscher Allan Guggenbühl in seinem Buch „Männer Mythen Mächte". Seine These ist, dass Psychologie eher den Frauen, Mythologie eher den Männern entspricht. Dem gängigen Muster setzt Guggenbühl die grundsätzliche Andersartigkeit der Männer entgegen, eine Perspektive, die auch für die Sicht des Glaubenslebens der Männer Konsequenzen hat. Nur aus Sicht der Psychologie ist der Mann ein Seelenkrüppel, weil eine Psychologie, die ihre Akzente auf Beziehungen, Gefühle und das Persönliche setzt, den Mann nur unvollständig erfassen kann. Für Männer brauche es eine andere Seelenbrille.

Die den Männern angemessene Seelensprache findet Guggenbühl in den Mythen: „Wir können den Menschen aus seiner

Psychologie heraus verstehen, von einer Innenschau auf das Umfeld und Verhalten schließen, oder aber das Außen ins Visier nehmen, die Mythen betrachten, zu denen der Mensch sich hingezogen fühlt. Die Seele äußert sich sowohl im psychischen, persönlichen Raum als auch über mythologische Schauplätze. Männer wollen sich am mythischen Wesen realisieren, Frauen orientieren sich am Psychischen" (40). Mythen sind für ihn nicht Göttergeschichten oder Irrglauben. Vielmehr sind es numinose, archaische Erklärungsgeschichten, an denen Menschen sich orientieren können, an denen sie teilhaben können und die ihnen damit auch das Gefühl von Sinn vermitteln. Mythen kommen nicht von innen, sondern von außen. Sie ziehen und lenken, sie geben eine Richtung, helfen das Leben zu verstehen und zu bewältigen. In diesem Sinn sind Mythen mächtige seelische Wirklichkeiten.

Die Religion und die Kirchen hätten also alles, was es bräuchte, und doch suchen Männer ihre Mythen heute außerhalb, auch wenn es manchmal nur zeitgeistliche Ersatzmythen sind. Ein Grund mag darin liegen, dass die Kirche, wenn sie vorrangig zum Ort persönlicher Religiosität wird, zum Ort von Trost und Besinnung, einiges an mythologischer Ausstrahlung verliert. Auf die Frage, ob er mit seinen Kindern anders bete als seine Frau, meinte ein Vater nach langem Nachdenken: „Also wenn, so mache ich es vielleicht mit mehr Pathos, mehr Ritual, mit mehr großer Geste." Damit hat er einen Grundzug männlicher Religiosität auf den Punkt gebracht. Sie ist sicher wortkarger, aber auch archaischer, erdiger vielleicht, mehr ins Handeln orientiert, zweifellos ritualisierter und sicher auch pathetischer – eigentlich lauter Dinge, die man heute kaum mehr auszusprechen wagt.

Grandiosität im Glauben

Vielleicht gilt es wirklich, die Kraft der christlichen Mythen für Männer neu zu entdecken, statt sie in das Korsett pastoraler Psychologie zu zwingen. Diese Mythen verleihen Männern das

Gefühl der Großartigkeit, was sie dazu bringt, ihre Kraft und Energie für andere einzusetzen. Guggenbühl spricht sogar von der „Grandiosität des Mannes“, was suspekt klingen mag angesichts vieler Beispiele männlicher Aufgeblasenheit. Doch die männliche Grandiosität ist nicht eine Eigenschaft des Mannes selbst, sondern „der Mann wird grandios durch den Mythos, der sich seiner als Werkzeug bedient“ (148). Es ist nicht mehr das Persönliche, das motiviert, sondern die Aufgabe und die Herausforderung, an die man(n) glaubt.

„Die weibliche Versuchung ist, die Liebe um jeden Preis aufrechtzuerhalten, immer auf Nähe zu drängen und einander immer in die Augen schauen zu wollen. ... Der Mann ahnt, dass beide in dieselbe Richtung schauen müssen, auf etwas Größeres“, schreibt Richard Rohr (Rohr, Masken, 147). Im weiblichen Muster dominiert das Wir, die Gemeinschaft und die Harmonie, während das männliche Muster eher auf das Ich ausgerichtet ist, auf die Aufgabe und das Tun. Es ist müßig zu wiederholen, dass die beiden Muster einander brauchen und sich ergänzen, dass auf der einen Seite der leere Aktionismus droht und auf der anderen der reine Wohlfühlklub. Wenn die Liturgie heute den horizontalen Aspekt der Gemeinschaft so stark in der Vordergrund stellt, ist zu fragen, wo die vertikale Dimension bleibt, der Blick nach oben, der dem Appetit des Mannes nach dem Großen nachkommt, der heilige Schauer, die ernsthaften Rituale, die ein Gewicht haben und ein Gefühl von würdevoller Bedeutung vermitteln.

Die Wiederentdeckung der Langeweile

Auch wenn uns die Karfreitagsprozession in Gubbio überraschen mag, so ist sie doch nicht ein kreativer Akt und schon gar nicht etwas Spontanes, sondern etwas Uraltes und Traditionelles. Seit Jahrhunderten machen die Männer in Gubbio vermutlich am Karfreitag dasselbe. Es mag für die Zuschauer ein Event sein, hat aber im Grund gar nichts mit unserer Eventkultur zu tun, weil es das immer Gleiche und nicht das immer Neue ist. Viele Pfarrverantwortliche rackern sich heute ab, um etwas Ähnliches wie die Eventkultur zu bieten. Der Gottesdienst darf alles, nur nicht langweilig sein, Text für Text, Symbol für Symbol wird aufgeboten, immer etwas anderes, Neues und Kreatives. Man bemüht sich fast bis zum Umfallen, und doch hat die Kirche gegen die moderne Eventkultur, die sich selbst schon kaum mehr zu steigern weiß, keine Chance. Weniger ist mehr, könnte die Antwort aus Männersicht lauten. Im guten Sinn geht es vielleicht sogar um die Wiederentdeckung der Langeweile.

Auf die Frage, ob es für ihn im Leben Zeiten des Glaubens gibt, antwortete ein Mann in einem Interview: „Komisch, für mich ist das der ganz konventionelle Gottesdienst. Ich gehe gelegentlich hin, fast wie ins Theater. Ich erlebe ihn in einer eigenartigen Ferne, weil ich keine Anforderungen an mich stellen muss wie im Beruf. Ich bin gar nicht direkt davon betroffen. Trotzdem erfahre ich jedes Mal etwas Positives, zumal bei den alten Chorälen, weil hier tatsächlich sehr viel von der Kindheit, aber auch von Schmerz und Trost auftaucht. Dann die alten Texte, die Stille führt an einen Punkt, wo ich denke, ich bin eine Spur näher bei mir selber." Strömen die Männer wieder in die Kirche, wenn mehr Schubertmessen gesungen werden, Stille und Ruhe wieder mehr Platz bekommen? So einfach ist die Fragestellung sicher nicht. Trotzdem scheint es so zu sein, dass Regelmäßiges, Vorgegebenes (vgl. Mythen) und Ritualisiertes Männer im religiösen Bereich mehr anspricht als Spontaneität, Kreatives und die freien Formen.

Rituell versus spontan

„Viele Jahre war man in liturgischen Kreisen der Meinung, förmliche Andachten würden die Leute langweilen und überfordern: ‚Kreative' Liturgien sollten hier Besserung bringen", schreibt Patrick Arnold in seinem Buch „Männliche Spiritualität" und fährt mit dem Blick auf die Männer fort: „Leider hat das Resultat viele Männer vor den Kopf gestoßen. Man zwang der Gemeinde törichte Pseudorituale und eine Reihe von Gags auf, das Ganze meist von fader Musik begleitet. Es war wirklich aufregend, so aufregend, dass sich manche Männer von ihren Bänken erhoben und die Kirche fluchtartig verließen. Was war ihr Problem? Die meisten Männer fühlen sich offenbar von unerwarteter Spontaneität bei rituellen Abläufen abgestoßen; feierliche Handlungen, die ausschließlich nett, glatt und glücklich verlaufen, wirken auf Männer meist verlogen, so als bestünde keinerlei Zusammenhang mit der harten Wirklichkeit, die sie tagtäglich auf dem Hals haben.“ (Arnold, Männliche Spiritualität, 112)

Weiter fragt Arnold, was es denn sein könnte, das Männer zum öffentlichen Gebet lockt: „Sie brauchen eine gewisse Regelmäßigkeit und Konstanz in ihrer Andacht. Spontanität wirkt anziehend auf Männer, jedoch nicht mitten im Ritual. Die populären männlichen Traditionen von Judentum und Islam halten für das tägliche Gebet feste Zeiten, Orte und Formen ein, und Männer können mit diesen Regeln gut umgehen. Im Ritual möchten Männer ganz genau wissen, was man von ihnen erwartet; die Religion hilft Männern, wenn sie ihnen klare, redliche und erreichbare Ziele bietet. Männer wollen, dass ihnen eine Sache gelingt – ihr Leben ist in der Regel ohnehin angefüllt mit realen oder eingebildeten Misserfolgen.“ (Arnold, Männliche Spiritualität, 112f)

Die treuen Kirchenfernen

Die Geschichte mit Mw und Wm, die Sicht von männlichen und weiblichen Mustern liefert weder ein Rezept noch eindeutige Erklärungen. Manch ein Mann mag hier beim Lesen innerlich sein kleines w streicheln und manch eine Frau hört vielleicht ihr kleines m aufjubeln. Angesichts vieler Kirchenmänner, die ihre Bedürfnisse auf theologischer Ebene rationalisieren oder in religiösen Kitsch verfallen, wenn sie ein weibliches Muster nur imitieren, gilt es die stumme Scheu und Unsicherheit vieler Männer vor dem Religiösen ernst zu nehmen und zu würdigen. Es ist zu einfach, das alles nur als Desinteresse oder Gefühlsarmut abzutun. Vielen kirchenfernen und doch treu Kirchensteuer zahlenden Männern ist ‚das Heilige' wichtig, auch wenn sie es nicht näher zu artikulieren vermögen. Ein Taxifahrer ereiferte sich während der Fahrt darüber, dass er sein Kind nicht in einer bestimmten Kapelle taufen lassen durfte. „Hier wurde mein Vater getauft", wütete er, „hier wurde ich getauft, hier habe ich als Junge ministriert, hier habe ich meine Frau geheiratet und nun soll ich mein Kind nicht hier taufen können?!"

Er ereiferte sich, als würde man ihm das Herz herausreißen wollen, und er ist, so schien es zumindest, alle Wände hochgegangen, um sein Kind in dieser Kapelle taufen zu lassen. Das war ihm einfach heilig. Er verstand nicht die Bemühungen des Pfarrers, im Sinne der Gemeindebildung die Taufen in den Gemeindegottesdienst einzubinden oder zumindest in der Pfarrkirche abzuhalten. Für ihn gab es etwas viel Wichtigeres und dafür hätte er alles getan. Sind solche Männer in modernen Pfarrkonzepten nicht mehr berücksichtigt, weil sie sich schon vor deren Erstellung verabschiedet haben, oder finden sie seither keinen Platz mehr? Auf so einfache Erklärungen kann das Thema natürlich nicht reduziert werden. Trotzdem können die Überlegungen zu männlicher und weiblicher Spiritualität dazu beitragen, im Suchen der Kirche das Spektrum zu öffnen, genauer hinzuschauen und vielleicht auch die Männer wieder besser in den Blick zu kriegen. „Männer sind für mich ein blinder Fleck. Darüber habe ich noch nie nachgedacht", meinte ein Pfarrer sehr ehrlich in einem Workshop.

Mirjam nahm die Pauke

Es war schon ein wuchtiges Ereignis, als Moses mit seinen Leuten der Wolkensäule folgend am Roten Meer landete, vor sich das Wasser und hinter sich die kriegerischen Horden des Pharaos. Als zum richtigen Zeitpunkt dann das Wasser wich, er die Leute, die ihm anvertraut waren, ans andere Ufer bringen konnte und hinter ihm die zurückfließenden Wassermassen auch noch ein für alle Mal das Problem mit den Ägyptern erledigten, da fehlten ihm fürs Erste die Worte. Als sich Moses wieder erfangen hatte, stimmte er ein Lied an, was nahe liegend ist, wenn das Herz erst aus der Hose wieder heraufkommt und nun am liebsten Luftsprünge machen würde. Er stimmte das große Loblied auf den Herrn an, denn er wusste gut genug, dass das nicht seine Leistung war.

Wie immer sich das Ganze abgespielt haben mag, Genaueres wissen wir nicht, am Ende setzte jedenfalls seine Schwester Mirjam noch eins drauf. Vielleicht fühlte sie sich als Prophetin zu wenig in das Geschehen mit einbezogen, oder vielleicht hatte sie als Frau einfach das Gefühl, dass noch ein liturgischer Tanz angebracht wäre, und so heißt es in Ex 15,20: „Die Prophetin Mirjam nahm die Pauke in die Hand, und alle Frauen zogen mit Paukenschlag und Tanz hinter ihr her." Davon, dass Moses oder andere Männer mitgetanzt hätten, steht allerdings nichts im Text.

Die Frauen haben sich in den letzten Jahrzehnten viel mit ihren spirituellen und liturgischen Bedürfnissen beschäftigt, veranstalten Frauenliturgien, holen sich oder bringen ein, was ihnen offensichtlich gefehlt hat. Von den „Exerzitien im Alltag", bis auf ein paar einzelne Männer vorwiegende Frauenveranstaltungen, erzählten Frauen bei einer Präsentation voll Begeisterung, dass „wir hier auch malen und tanzen". Und die Männer? Sie bleiben fern, wenn sie nicht sogar bewusst das Weite suchen, oder stehen zumindest knieschlotternd hinter einer Säule in der Angst, dass sie nun auch noch malen und tanzen müssen.

Die Männer, wenn sie nicht gerade Priester sind, spielen in der angeblichen Männerkirche zumindest pastoral keine große Rolle mehr. Nicht, dass sie sich da je besonders in den Vordergrund gedrängt hätten, aber früher gab es zumindest noch liturgische Formen, in denen sie sicht- und spürbar dabei waren und als Männer eine Rolle spielten. Vieles davon ist abgeschafft worden, manches erscheint nicht mehr zeitgemäß, Neues wurde kaum entwickelt, und so stehen die Männer heute im blinden Fleck der kirchlichen Pastoral. Die Praxis orientiert sich oft stark an den Formen und Bedürfnissen der Frauen, zu Recht wohl, wird doch das pastorale Leben der Gemeinden vornehmlich von Frauen getragen.

Nochmals zurück zu Mirjam, um ja nicht missverstanden zu werden: Hoffentlich kommen die Frauen weiterhin in der Kirche vor, auch als Prophetinnen. Ebenso wenig soll ihnen die Pauke aus der Hand genommen werden und wenn ihnen danach ist, dürfen sie tanzen. Und die Männer dürfen auch weiterhin nicht mittanzen, wenn ihnen nicht danach ist. Das aber allein wird auf Dauer zu wenig sein. Es wäre langsam an der Zeit, dass sich die Männer selber auf die Socken machen. Viele wissen zwar, was sie nicht wollen, aber umgekehrt herrscht Ratlosigkeit. Die spirituelle Suche bei Männern ist groß, aber es scheint, als ob der entscheidende Kick noch fehlte, auch etwas zu tun.

Eine kraftvolle Vision hat Patrick Arnold formuliert: „Männer müssen auf Religion und Kirche zugehen. Dazu müssen sie Verantwortung für ihr eigenes spirituelles Leben übernehmen. Männer müssen im Aufspüren einer geeigneten Glaubensgemeinschaft so aggressiv und verantwortungsvoll agieren, wie sie sich um ein solides Haus oder einen zuverlässigen Lastwagen kümmern. Männer müssen ihre spirituelle Arbeit tun und sie gut machen." (Arnold, Männliche Spiritualität, 117f)

Es ist wichtig, dass die kirchlich Verantwortlichen über solche Fragen nachdenken und dass mehr gute und gelebte Männlichkeit in der Kirche Platz bekommt. Die Religiosität der Männer ist aber nicht nur deren Verantwortung, denn sonst endet es wieder bei Mutter Kirche, die für ihre Jungs sorgen will. Den Männern amtlicherweise zu sagen, was sie tun sollen, hat nicht die Kraft, die in Arnolds Vision zum Ausdruck kommt. Es wäre, als würde die Kirche Lastwagen verschenken. Die Vision ist viel mehr, dass in oder außerhalb der Pfarreien sich Männer zusammenfinden, die spüren, dass ihnen etwas fehlt, die ihrer Sehnsucht und dem Verschütteten nachgehen wollen, Männer, die ihre Spiritualität gerne auch einmal unter Männern pflegen würden, die auf der Suche sind nach Formen, die sie ansprechen. Sie werden gewiss finden, was sie suchen, aber nichts geht ohne den ersten Schritt. Pauken gibt's noch mehr ...

Jesus für Männer

Seien wir ehrlich, viele der gängigen Jesusbilder sind für Männer nicht allzu attraktiv, vielleicht gerade weil sie nicht sehr männlich wirken: weich und sanft mit tränenunterlaufenen Augen wie in Zeffirellis Film „Jesus von Nazareth"; der immer liebe Freund von allen, wie er verständlicherweise im Religionsunterricht gerne verkündet wird; mit langen Haaren und Bart der Prototyp des heutigen Softies als Namensgeber für die sog. Jesuslatschen; nicht Fisch und nicht Fleisch im Grunde und keinesfalls greifbar männlich wirkend wie auf vielen Andachtsbildchen; oder dann zeitgeistig gebadet der vorweggenommene neue Mann mit dem weiblichen Kern, die Frau mit Bart. Hier wurden einige Seiten unterschlagen. Es ist wichtig, Jesus auch als Mann wieder in den Blick zu kriegen, damit er für Männer greifbar bleibt.

Jesus für Männer? Jesus als Mann? Darf so überhaupt gefragt werden? Hat er als ‚idealer Mensch' nicht falschem Männlichkeitswahn ebenso abgesprochen wie falschem Weiblichkeitswahn? Ist er nicht einfach der Gottessohn? Was soll dann noch die Frage nach ihm als Mann? Er beschäftigt uns und immer sind es Bilder, die wir uns von ihm machen, immer werden es Fragmente sein. Vielleicht gilt es einfach ein Gegengewicht zu legen gegen allzu vertraute Bilder, ihn neben anderem auch als Mannsbild wieder in den Blick zu kriegen. Im christlichen Glauben ist er „wahrer Gott und wahrer Mensch" zugleich, also muss es erlaubt sein, ihn als Mensch und damit auch als Mann in den Blick zu nehmen. Keine Dogmen werden in Frage gestellt oder neu aufgestellt, nichts Fertiges kann es sein und keine neuen oder gar endgültigen Schlüsse können gezogen werden. Fragmente sind es und werden es bleiben, der Blick durch ein männliches Kaleidoskop, der Männern vielleicht gut tun kann.

Jesus, der neue Mann

Begonnen hat die Diskussion Franz Alt mit seinem Buch „Jesus – der erste neue Mann". Alt schwärmt ganz ernst und in feierlichem Ton: „Jesus hat Männer ermahnt und manchmal beschimpft, von den Frauen hat er gelernt." Nun ist es endlich heraußen: die Frauen waren es! Für ihn ist Jesus „der Traum von einem Mann", und zwar weil er „in die Schule der Frauen gegangen" ist, von denen er die Solidarität mit den Schwachen usw. gelernt hat. Heute muss es wohl so sein, obwohl man sich bei der Lektüre manchmal fragt, ob Alt denn dabei war, so genau, wie er das alles weiß. Dazu hatte Jesus auch „einen mütterlichen Vater"! Was immer das sein soll, er wird den hl. Josef schon besser gekannt haben. Irgendwann stellt sich einem bei der Lektüre schon die Frage: Kann aus einem Mann nichts Gutes kommen?

Die Nächste in der Reihe war die Jungianerin Hanna Wolf mit ihrem Buch „Jesus der Mann". Es klingt differenzierter (und zum Lesen auch komplizierter) als bei Franz Alt. Ihr ausschließlicher Blick auf Jesus durch die Brille der Psychologie C. G. Jungs bringt einige interessante Aspekte zu Tage, ist aber in seiner Ausschließlichkeit auch Geschmackssache. Von daher ist es konsequent, dass ihr nächstes Buch „Jesus als Psychotherapeut" hieß. Über einige ihrer Behauptungen muss man einfach stolpern. War Jesus tatsächlich „ein extrem introvertierter Gefühlstyp"? Die ‚Jesuslatschen' stehen offensichtlich schon bereit. Gemäß C. G. Jung operiert sie mit Animus und Anima, den männlichen und weiblichen Anteilen in uns und – erraten! – es sind vor allem seine gut entwickelten weiblichen Anteile, die das Großartige an Jesus ausmachen. War er tatsächlich ein „wahrer Mann" wegen seiner „hoch entwickelten Anima"? Kommt das Gute des Mannes also wieder von der Frau? Dagegen ist Richard Rohrs Diktum wohltuend: Jesus war keine Frau mit Bart!

Jesus light

Das heute verbreitete Jesusbild scheint, gemessen an einem Blick in die Evangelien, gesoftet, weichgespült und gehübscht. Wesentliche Züge wurden eliminiert, und zwar vor allem die radikalen und unbequemen, vielleicht gerade die wilden und auch männlichen. Eine engagierte Ordensfrau hat in einem Artikel zum Christkönigsfest geschrieben: „Der Begriff König scheint hohl geworden zu sein. Von einem alleinigen Herrscher wollen die meisten heute nichts mehr wissen. Unsere Zeit hat andere Namen für Christus. Ich nenne ihn weder König noch Herrscher. In meiner persönlichen Beziehung haben andere Namen Platz: für mich ist er Freund und Bruder, Erlöser und Befreier, Begleiter. Er ist mein Du."

Zunächst ist sicher viel Verständnis für diese Ordensfrau angebracht, denn vermutlich hat sie in ihrer kirchlichen Lebensgeschichte wenig gute Könige erlebt, sondern mehr „alleinige Herrscher". Es ist verständlich, dass sie mit dem zumal männlichen Bild des Königs ihre Mühen hat. Es stimmt, was sie schreibt. Und doch wird nur eine Seite der Medaille geschildert. Es ist schön, wenn jemand sagen kann: „Er ist mein Du." Aber wie viele Männer können das von sich sagen? Es ist anzunehmen, dass er ihnen oft quer in der Kehle liegt, dass er ihnen zu kauen aufgibt, dass sie mit ihm auch ihre Mühen haben. Männern tut eine gewisse respektvolle Distanz besser als ein Jesus im Pocketformat zum Einstecken, so ganz Du auf Du. Genau betrachtet passt er auch nicht in unsere Rocktasche.

Jesus wäscht uns den Kopf

Ein Blick in die Evangelien lässt uns den „Jesus light" suspekt erscheinen. Der Blick in die Evangelien zeigt, dass hier wesentliche Seiten unterschlagen wurden. Jesus war auch kraftvoll, fordernd, zornig, ausgrenzend und darin fast brutal. Es lässt sich auf eine einfache Formel bringen: Jesus hat den Menschen nicht nur die Füße, sondern auch den Kopf gewaschen!

Die folgenden Zitate allein aus dem Matthäusevangelium sind einseitig, manchmal vielleicht zu sehr aus dem Zusammenhang gerissen. Aber sie dienen hier dem Zweck, das Kaleidoskop weiterzudrehen und eine andere Perspektive in den Blick zu kriegen. In der geballten Form sind die Ausschnitte provokant und nahezu unverdaulich, aber es soll damit plastisch vor Augen geführt werden, dass Jesus auch noch andere Seiten hatte.

Die programmatische Bergpredigt (Mt 5–7) beginnt mit den zarten Tönen der Seligpreisungen, doch schon diese enden mit fast bedrohlichen Klängen, die nicht ohne sind: „Selig seid ihr, wenn ihr um meinetwillen beschimpft und verfolgt und auf alle mögliche Weise verleumdet werdet" (Mt 5,11).

In den Texten des Alten Testaments sind immer wieder pragmatische Anpassungen zu finden, eine Art humanes Entgegenkommen an die kleinen Schwächen der Menschen (der Männer im Fall der Ehescheidung). Im Abschnitt über das Gesetz und die Propheten macht Jesus klar, dass es damit aus ist. Seine Botschaft ist vielmehr eine kompromisslose und radikale Zuspitzung des alten Gesetzes sozusagen ohne jedes Polster: „Jeder, der seinem Bruder nur zürnt, soll dem Gericht verfallen sein ... " (Mt 5,22). „Wer eine Frau auch nur lüstern ansieht, hat in seinem Herzen schon Ehebruch begangen" (Mt 5,28). „Wenn dich dein rechtes Auge zum Bösen verführt, dann reiß es aus und wirf es weg!" (Mt 5,29). Wie würden wir eigentlich aussehen, wenn wir diese Sätze so nehmen, wie sie gesprochen sind?

Im Grunde ist auch das Gebot der Feindesliebe nicht weniger radikal: „Wenn dich einer auf die rechte Wange schlägt, dann halt ihm auch die andere hin" (Mt 5,39). Die Gedanken von der falschen und rechten Sorge mit den Lilien des Feldes und den Vögeln des Himmels hingegen sind fast getragen von einer unbeschreiblichen Leichtigkeit des Seins, bevor es dann wieder in ganz anderem Tonfall weitergeht: „Richtet nicht, damit ihr nicht gerichtet werdet! Denn wie ihr richtet, so werdet ihr gerichtet werden, und nach dem Maß, mit dem ihr messt und zuteilt, wird euch zugeteilt werden" (Mt 7,1f).

Jesus breitet uns keinen Teppich aus, damit wir gut durchs Leben kommen: „Geht durch das enge Tor! Denn das Tor ist weit, das ins Verderben führt, und der Weg dahin ist breit, und viele gehen auf ihm. Aber das Tor, das zum Leben führt, ist eng, und der Weg dahin ist schmal, und nur wenige finden ihn" (Mt 7,13f). Der Freund und Bruder kommt uns nicht entgegen, sondern lässt uns vielmehr radikal über die Klinge springen. Und wie reagiert das Volk nach dieser Bergpredigt? Sie sind weder beglückt, noch wirken sie sehr erlöst, sondern es heißt vermutlich zu Recht: „Als Jesus diese Rede beendet hatte, war die Menge sehr betroffen von seiner Lehre" (Mt 7,28). Von fast schauerlicher Konsequenz ist Jesus immer, wenn es um die Nachfolge geht. Da darf nicht einmal mehr der eigene Vater begraben werden: „Herr, lass mich zuerst heimgehen und meinen Vater begraben! Jesus erwiderte: Folge mir nach; lass die Toten die Toten begraben" (Mt 8,21f).

Kurz darauf sitzt er mit seinen Jüngern im Boot und ein derartiger Sturm kommt auf, dass das Boot von den Wellen überflutet wird. Die Jünger machen in die Hose, wie wir es wohl alle würden. Jesu Reaktion ist aber kein Trost, beinhaltet kein Verständnis für die Lebensangst der Jünger. Stattdessen kommt ein Vorwurf: „Warum habt ihr solche Angst, ihr Kleingläubigen?" (Mt 8,26). Der Begleiter glättet dann zwar die Wellen des Sees, doch an einen solchen Begleiter muss man sich wohl erst gewöhnen. Eine ähnliche Predigt bekommen die Jünger übrigens öfter zu hören: „Warum konnten denn wir den Dämon nicht austreiben? Weil euer Glaube so klein ist. Amen, das ich sage euch: Wenn euer Glaube auch nur so groß ist wie ein Senfkorn, dann werdet ihr zu diesem Berg sagen: Rück von hier nach dort!, und er wird wegrücken" (Mt 17,19f). Das sitzt – dabei hat es bis heute der Gläubigste der Gläubigen nicht geschafft, auch nur den kleinsten Hügel zu verrücken.

„Denkt nicht, ich sei gekommen, um Frieden auf die Erde zu bringen. Ich bin nicht gekommen, um Frieden zu bringen, sondern das Schwert. Denn ich bin gekommen, um den Sohn mit dem Vater zu entzweien und die Tochter mit ihrer Mutter und die Schwiegertochter mit ihrer Schwiegermutter; und die Hausgenossen eines Menschen werden seine Feinde sein. Wer Vater und Mutter mehr liebt als mich, ist meiner nicht würdig, und wer Sohn oder Tochter mehr liebt als mich, ist meiner nicht würdig. Und wer nicht sein Kreuz auf sich nimmt und mir nachfolgt, ist meiner nicht würdig" (Mt 10,34–38). Aus ist es mit jeder Bequemlichkeit: „Wer mein Jünger sein will, der verleugne sich selbst, nehme sein Kreuz auf sich und folge mir nach. Denn wer sein Leben retten will, wird es verlieren; wer aber das Leben um meinetwillen verliert, wird es gewinnen" (Mt 16,24f).

Für Jesus gibt es kein menschenfreundliches ‚sowohl – als auch', denn er kennt nur das radikale ‚entweder – oder': „Wer nicht für mich ist, der ist gegen mich" (Mt 12,30). „Entweder: der Baum ist gut – dann sind seine Früchte gut. Oder: der Baum ist schlecht – dann sind auch seine Früchte schlecht" (Mt 12,33). „Ein guter Mensch bringt Gutes hervor, weil er Gutes in sich hat, und ein böser Mensch bringt Böses hervor, weil er Böses in sich hat" (Mt 12,35).

„Ich sage euch: Über jedes unnütze Wort, das die Menschen reden, werden sie am Tag des Gerichts Rechenschaft ablegen müssen" (Mt 12,36). Da muss am Tag des Gerichts ein ordentlicher Zugang sein. „Wenn deine Hand oder dein Fuß zum Bösen verführt, dann hau sie ab und wirf sie weg! Es ist besser für dich, verstümmelt oder lahm in das Leben zu gelangen, als mit zwei Händen und zwei Füßen in das ewige Feuer geworfen zu werden. Und wenn dich dein Auge zum Bösen verführt, dann reiß es aus und wirf es weg! Es ist besser für dich, einäugig in das Leben zu gelangen, als mit zwei Augen in das Feuer der Hölle geworfen zu werden" (Mt 18,8f). Wenn es so ist, haben wir vermutlich alle nur die Chance, verkrüppelt in das Leben zu gelangen.

Ähnlich beklemmend radikal, kriegerisch möchte man fast sagen, sind die Worte Jesu, wenn es um die Stunde des letzten Tages geht. Nicht nur mit den törichten Jungfrauen zeigt er kein

Erbarmen: „Der Herr wird an einem Tag kommen, an dem der Knecht es nicht erwartet, und zu einer Stunde, die er nicht kennt; und der Herr wird ihn in Stücke hauen und ihm seinen Platz unter den Heuchlern zuweisen. Dort wird er heulen und mit den Zähnen knirschen" (Mt 24,50f).

Die Aufzählung ließe sich leicht ausweiten: Jesus verflucht den Feigenbaum (uns wurde das Fluchen verboten), verdammt die Städte Galiläas, treibt die Händler gewaltsam aus dem Tempel und zürnt den Schriftgelehrten und Pharisäern mit Worten, die sich gewaschen haben. In den Endzeitreden droht er mit großer Not und mahnt in schaurigen Worten vor dem Endgericht: „Weh aber den Frauen, die in jenen Tagen schwanger sind oder ein Kind stillen" (Mt 24,19). Sind wir mit diesem Jesus tatsächlich auf Du und Du, oder bleibt er uns nicht vielmehr im Hals stecken?

Jesus und die Archetypen

Perspektivenwechsel, das Kaleidoskop wird weitergedreht. In der spirituellen Männerarbeit der letzten Jahre ging es viel um die vier männlichen Archetypen: den König, den Krieger, den Magier und den Liebhaber. Diese Archetypen sollen gleichsam positive Bilder des Mannseins sein, die vielfältige männliche Stärken lebendig werden lassen. Selbstverständlich gibt es dazu auch die jeweiligen Schattenmuster, die unreifen Formen der Männlichkeit. Kraftvolle Bilder können oft mehr bewirken als theoretische Überlegungen, können Orientierung und Visionen geben, tief greifende Veränderungen bewirken, manchmal eine fast erleuchtende Wirkung haben. Getragen ist das Modell der Archetypen von der Idee, dass Männer diese Stärken in sich haben, mehr oder weniger reif entwickelt, dass sie aber die Stärken aktivieren, pflegen und reifen lassen können.

Der König ist in dem Modell der, der den Überblick hat und seinen Platz einnimmt. Er hat die Verantwortung für andere und nimmt sie wahr mit dem Ziel, dass es allen Anvertrauten gut geht. Er weiß, was nötig ist, und trägt dafür Sorge (unreif: Diktator). Der Krieger hingegen weiß, dass man manchmal auch den Hintern zusammenziehen muss und für etwas einstehen. Er kennt nur ‚ja' oder ‚nein', aber er kämpft für Ziele und schützt die Grenzen (unreif: Gewalttäter). Der Magier ist wie der Hofnarr eine Art Gegenspieler, der schaut, dass nichts in den Himmel wächst. Seine innere Weisheit, die getragen ist von einem ‚sowohl – als auch', weiß, dass alle nur mit Wasser kochen, setzt einen Gegenpol zur Klarheit des Kriegers oder manchmal auch des Königs (unreif: Scharlatan). Der Liebhaber sorgt dafür, dass das Ganze auch Farbe hat. Er weiß, dass es nicht nur den Kopf gibt, sondern auch das Herz, dass es nicht nur die Zweckmäßigkeit gibt, sondern auch die Schönheit. Er macht das Leben erst eigentlich genießbar und er hat eine große Lust auf das Leben (unreif: der reine Konsument).

Nun hat sich irgendwann verständlicherweise die Frage aufgedrängt, wie Jesus unter dem Aspekt dieser vier Archetypen zu betrachten sei. Das Ergebnis lag jedoch allzu nahe. Als ‚idealer Mensch' und schon gar als ‚Gottessohn' konnte für ihn nur eine Lösung in Frage kommen: Jesus hat alle vier Archetypen in idealer Weise in sich vereinbart. Das ist zwar fromm gedacht, doch passt es zu den Bildern des Evangeliums?

Krieger und Liebhaber

Nach dem Befund der Evangelien war Jesus einseitiger, sonst hätte er auch nie so radikal und konsequent sein können. Wo war er der gute König, der für alle da ist, für alle Verantwortung und die Anliegen aller wahrnimmt? Im Übrigen ist es auch nicht die Aufgabe von Wanderpredigern, König zu sein (vgl. Franz von Assisi). Dieses Element kommt vielmehr dort zu tragen, wo Jesus von seinem Vater redet. Wo war er der Magier, der Verständnis auch für Schwächen hat, sich um Ausgleich und das rechte Maß bemüht, der weiß, dass ein ‚sowohl – als auch' den Menschen vielleicht gerechter wird? Man mag die eine oder andere Stelle finden, aber letztlich ist er erst am Kreuz der, der mit seinen Armen beide Seiten zusammenhält.

Jesus war im guten Sinne einseitig und dabei faszinierend zweiseitig; aber alles war er nicht. Archetypisch gesehen war er vor allem Krieger und Liebhaber, und das in einer unvergleichlichen Kombination. Er war Krieger, wo er zornig, unendlich fordernd und ausgrenzend war, wo er gezielt schwarz-weiß malt, nur das ‚entweder – oder' kennt, gut oder böse, reich und verdammt oder arm und selig und dazwischen keine Unterschiede macht. Und er war gleichzeitig ein großer Liebhaber, wo er die Kleinen zu sich kommen lässt, Feindesliebe predigt und Solidarität mit den Schwachen, wo er ein einfühlsamer Gesprächspartner ist, wo er heilt, wo er sich aber auch zurückzieht in die Stille, um mit sich allein zu sein.

Faszinierend ist, in welcher Weise er beides gleichzeitig bzw. kurz hintereinander sein konnte, wie er wechselte zwischen Krieger und Liebhaber („unvermischt und unvermengt", möchte man fast sagen). Er wäscht den Menschen den Kopf (Krieger) und die Füße (Liebhaber). Hier beginnt er tatsächlich zu schillern und zu leuchten. In diesem Sinn hat er als Mann seine starken und sanften Seiten gleichzeitig und nebeneinander gelebt, sein Engagement und seine Hingabe, den Schritt nach vorn und den Schritt zur Seite, das Losgehen und das Dasein, den Kampf und die Liebe. Die Synthese hat er dem Vater überlassen, denn als Sohn sah er sich nicht für alles zuständig. So gesehen war er vielleicht in idealer Weise ‚Macho' und ‚Softie' gleichzeitig, ohne je das Eine oder andere gewesen zu sein.

Stationen eines Mannes

Archetypen mögen Archetypen sein, doch nun geht es um Stationen im Leben eines Mannes und um die Frage, was sie Männern sagen können. Dabei spießt es sich gleich zu Beginn elementar: War er ein lediges Kind und damit ein vaterloser Sohn? Tatsache ist, dass es vermutlich keine vergleichbare Gestalt in der Geschichte des Abendlandes gibt, die so viel und so bedeutsam von seinem Vater redet, zumal er nicht greifbar da ist (Vater im Himmel, Vater unser, gehe zum Vater, Reich des Vaters usw.). Ezzelino von Wedel hat Jesus eindrucksvoll geschildert als einen Vaterlosen, der deshalb eine übergroße Sehnsucht nach dem Vater hat und gleichsam von Gott Vater adoptiert wird. Reformierte Kollegen meinten hingegen, dass Jesu Rede vom Vater von einem guten und starken Vater im Hintergrund zeuge. Unentscheidbare Fragen sind vielleicht unangenehm und heute nicht sehr zeitgemäß, aber sie machen letztlich eine Sache spannend und halten ein Thema warm. In diesem Sinn mag es gut sein, dass der Beginn eher Fragen aufwirft, als endgültige Antworten liefert. Um das Thema noch etwas zu komplizieren: Was heißt es oder kann es heißen, wenn der Sohn sagt: „Niemand kennt den Sohn, nur der Vater"?

Ablösung von der Mutter

Danach wird es konkreter, denn zumindest nach den knappen Zeugnissen der Evangelien war Jesus sicher kein Muttersohn. Dafür sind die Belege für die Ablösung von der Mutter zu massiv. Es beginnt mit dem 12-jährigen Jesus im Tempel, eine Erzählung, die symbolisch als Geschichte der ersten Initiation ins Mannsein gelesen werden kann, als Geschichte eines typisch Pubertären (eigentlich das richtige Evangelium zur Firmung). Zum Festtag wandert die ganze Familie mit Anhang und allen möglichen Nachbarn vom Norden Palästinas in den Süden nach Jerusalem. Von Dorf zu Dorf werden sich mehr dem breiten Zug beigesellt haben. Das Fest an sich läuft dann noch wie geplant ab, doch auf dem Retourweg beginnt die Tragödie. Die Menge bewegt sich wieder heimwärts nach Norden und in diesem Alter erwarten Eltern nicht, dass der Junior immer neben ihnen hertrabt. Doch beim ersten Nachtlager, bereits weit von Jerusalem, wird die Frage virulent: Wo ist er? Bei den Jungs? Bei einem Mädchen? Bei der Verwandtschaft ist er auch nicht und langsam entsteht Panik im Lager. Man kann sich lebhaft vorstellen, was das Mutterherz hier durchmacht, und vermutlich war auch Josef schon kurz vor dem Durchdrehen. So gegen Mitternacht ist klar, dass er hier nirgends ist, und die beiden machen sich verständlicherweise hoch erregt auf den Weg zurück nach Jerusalem. „Vielleicht hat sich mein Junge irgendwo verirrt", hat sich die besorgte Mutter vermutlich und verständlicherweise gedacht.

Am nächsten Tag kommen sie in Jerusalem an, und wo sie überall nachgefragt haben, wissen wir gar nicht. Irgendwann, vielleicht aus purer Verzweiflung, gingen sie in den Tempel, und was sahen sie dort: ihren Junior inmitten von Schriftgelehrten kluge Sprüche schwingend. Es ist völlig verständlich, dass die Eltern an ihre Grenzen kamen, als sie das sahen nach allem, was sie in der Zwischenzeit durchmachten. Und was ist die Antwort des 12-jährigen Juniors auf alle Sorgen der Eltern: „Wusstet ihr nicht, dass ich in dem sein muss, was meines Vaters ist?" Präpotenter, überheblicher und pubertärer geht es wohl nicht für einen 12-Jährigen. Gleichzeitig ist die Antwort archetypisch eine massive und symbolhafte Wendung: „Ich bin jetzt erwachsen. Ich gehöre jetzt nicht mehr zu dir, Mutter. Ich bin jetzt ein Mann!" Es ist nicht überliefert, was der ‚Vater', was Josef dazu meinte, aber die Pointe der Geschichte dürfte doch darin liegen, dass sich ein Sohn von der Mutter löst und sich zum ‚Vater' (Vater, die Männer, das Männliche, die männliche Berufung) bekennt.

Dort, wo es historisch vielleicht greifbarer ist, ändert sich das Thema kaum. Jesus predigt vor einer großen Menschenmenge und irgendjemand flüstert ihm, dass seine Mutter und seine Brüder vor der Türe warten würden (Mt 12,48f, Mk 3,33f, Lk 8,19f). In gewissem Sinn ist seine Antwort nicht weniger überheblich als damals: „Wer ist meine Mutter?" Die offiziellen Deutungen kennen wir, aber die Perspektive des Sohnes, des Mannes gegenüber seiner Mutter wird hier in einer Weise handfest und bodenständig, die fast erschreckt und trotzdem glasklar ist. Zur Verdeutlichung mag das Beispiel von Lukas 11,27–28 dienen: „Als er das sagte, rief eine Frau aus der Menge ihm zu: Selig die Frau, deren Leib dich getragen und deren Brust dich genährt hat. Er aber erwiderte: Selig sind vielmehr die, die das Wort Gottes hören und es befolgen." Die Frau aus der Menge hat ausgesprochen, was viele Mütter dachten, denn schließlich ist der Ruhm des Sohnes auch der Ruhm der Mutter. Das Lob auf „die Frau, deren Leib dich getragen hat" ist ein verständlicher Versuch, die Bedeutung der Mütter ins Spiel zu bringen, letztlich aber auch ein Versuch mütterlicher Vereinnahmung. Jesu Antwort ist nicht die Anbiederung eines Muttersohns. Sie ist das Gegenteil einer Muttertagshymne, sondern eine Form der Ablösung von der Mutter, die sich kaum radikaler denken lässt.

Initiation und Berufung

Vor dem Beginn des öffentlichen Auftretens Jesu steht eine ganz entscheidende Begebenheit: die Taufe Jesu. Warum musste Jesus eigens getauft werden, noch dazu von einem, der gar nicht über ihm steht? Auch wenn sich Johannes anfangs weigern will, wird er hier zum Mentor, zu einem wichtigen Werkzeug, indem er die Taufe an Jesus vollzieht. Jesus wird nicht von Johannes berufen, aber er ist der, der seine Berufung kundtut, öffentlich macht, vor den Augen der Menschen bestätigt. Berufung kann nicht nur ein innerer Akt sein, die subjektive Seite des Sich-berufen-Fühlens allein macht es nicht aus. In dem, was Johannes an Jesus vollzieht, spricht er die Berufung objektiv aus, und damit wird sie für Jesus zum Auftrag, den er sich nicht selbst gegeben hat.

Selbst ernannte Wanderprediger (oder was auch immer) werden gerne zynisch oder totalitär, weil sie sich selbst an ihren Platz gestellt haben und damit ständig angreifen oder verteidigen müssen. Sie befinden sich in einem unruhigen Kampf, weil sie sich etwas angemaßt haben, weil sie nicht objektiv eingesetzt wurden und der Auftrag nicht von außen kam. Männliche Wanderprediger (oder was auch immer), die von der Mutter an ihren Platz gestellt wurden, bleiben meist der kleine Prinz, der nicht aus sich leuchtet, sondern in Mutters Scheinwerfer agiert. In diesem Sinn spielt Johannes der Täufer als Mann eine wichtige Rolle, indem er, wenn auch nur stellvertretend, dem Mann Jesus seinen Platz zuweist, den dieser in einem Ritual der Demut – er lässt sich taufen – vor den Augen der Menschen einnimmt. Durch diesen Akt wird seine Berufung zu einem objektiven, öffentlichen Auftrag. Die eigentliche Initiation (oder auch Inthronisation) kommt allerdings vom Vater.

Der Segen des Vaters

Höhepunkt der ganzen Taufszene ist der Segen des Vaters: „Dies ist mein geliebter Sohn, an dem ich Wohlgefallen habe." Wie gut würde es jedem Mann tun, diese Worte von seinem Vater zu hören. Was wäre uns und der Welt alles erspart geblieben, hätten bestimmte Männer diese väterliche Anerkennung bekommen und nichts mehr beweisen müssen. Die mütterlich-frauliche Bewunderung tut gut, aber sie allein macht süchtig und abhängig wie beim klassischen Macho, der sein Mannsein ständig demonstrieren muss und nicht zur Ruhe kommt. Erst der Segen des Vaters, erst seine Anerkennung schafft eine ruhige, kraftvolle Bestätigung als Mann: Du bist in Ordnung, du brauchst es mir nicht mehr zu beweisen.

Eine kleine nachbiblische Geschichte soll diesen Zusammenhang verdeutlichen. Franz von Assisi hatte sich bekanntlich, als es nicht mehr anders ging, von seinem Vater radikal losgesagt. Einige Zeit später spitzte die Situation sich so weit zu, dass ihn sein eigener Vater verfluchte. Aber der Vater verfluchte ihn nicht aus Boshaftigkeit, sondern weil er ihn liebte und es nicht mehr aushielt zuzusehen, wie sein geliebter Erstgeborener zerlumpt in Fetzen in der Stadt herumlief, fror, die Abfälle der Menschen zusammenbettelte und von diesen verspottet, gehänselt und ausgelacht wurde. Als er nicht mehr konnte, verfluchte er seinen Sohn. Franz hat seinen Vater vermutlich besser verstanden, als es auf Grund der Ereignisse anzunehmen ist, denn nach der Trennung ist von ihm kein schlechtes Wort über seinen Vater überliefert. Franz muss sich aber auch bewusst gewesen sein, dass er ohne den väterlich-männlichen Segen zu wenig Kraft hatte. In einer schönen, kleinen Geschichte geht er her, nimmt sich einen älteren Mann aus der Menge, adoptiert ihn quasi als Vater und sagt zu ihm: „Sooft er mich flucht, segne du mich!" Er holte sich den väterlichen Segen von einem Ersatzvater. In der Taufe Jesu sind beide Elemente enthalten: der Segen des Vaters und der Mentor, der stellvertretend an ihm die Taufe, die Initiation real vollzieht.

Vater unser

Trotz aller aktuellen Diskussionen kann es für Männer wichtig sein, zu Gott „Vater" sagen zu können. Beim abschließenden Gottesdienst nach einer Initiationswoche für Männer meinte Richard Rohr bei der Einleitung ins „Vater unser": „Jetzt beten wir jenes Gebet, bei dem schon viele schmunzeln, wenn wir es beten: Vater unser. Natürlich ist Gott nicht Mann oder Frau, nicht Vater oder Mutter. Er steht über den Geschlechtern. Aber war es nur Zufall oder nur historisch bedingt, dass uns Jesus so zu beten gelehrt hat? Ich glaube nicht. Die Vaterwunde ist universal. Wir finden es in allen Kulturen, dass Menschen zu wenig Zuwendung und Liebe vom Vater erfahren haben. Dass uns eine Mutter liebt, das kennen wir, das haben die meisten von uns erfahren. Darum beten viele Katholiken auch lieber zur Mutter Maria. Aber von einem Mann, von einem Vater geliebt zu werden, das ist uns schon viel weniger vertraut. Es ist aber nicht weniger wichtig. Darum beten wir jetzt ganz bewusst: ‚Vater unser ... '" Jesuitenpater Georg Sporschill, der seit Jahren Straßenkinder in Rumänien betreut, erzählte, dass diesen elternlosen Kindern gerade das „Vater unser" besonders am Herzen liege eben aus Sehnsucht nach einem eigenen Vater.

Wenn Männer zu Gott ‚Vater' sagen können, gelingt es ihnen auch leichter, Jesus für sich als Sohn zu entdecken. Und was macht der Sohn nach dieser großartigen Bestätigung, die er erhalten hat? Er geht in die Wüste! Es ist, als ob er das, was er erhalten hat, auch verdienen muss. Initiation ist keine Auszeichnung, kein Orden zum Anstecken, kein Lob für etwas, das noch nicht geleistet wurde. Initiation hat viel mehr mit dem Lernen von Demut zu tun, auch wenn sie eine Bestätigung ist. Sie ist verbunden mit einem Auftrag, einer Berufung, die aber erst angenommen werden muss, und zu der der Mann reifen muss. Der Sohn ist also noch lange nicht fertig. Die Wüste und die Versuchungen, die dort über Jesus kommen, stehen für diesen oft mühsamen Weg, stehen für einen Schwellenraum der Reifung, der den Mann befähigt, seinen Auftrag zu erfüllen. Erst nach den symbolischen vierzig Tagen in der Wüste erfolgt Jesu erstes öffentliches Auftreten. Der Dreischritt „Taufe – Wüste – Auftreten" wäre eigentlich ein gutes Grundmuster für Männerexerzitien.

Jesus und die Männer

Jesus hat mit der unreflektierten Kumpanei von Männern gebrochen. Er war kein Stammtischbruder, der, wenn er sich unter seinesgleichen sicher fühlt, prahlt und Sprüche klopft. Er hat sich nicht mit anderen Männern zusammengetan, um sich auf diese Weise stark zu fühlen oder gar über Frauen herzuziehen. Trotzdem aber, und das ist nicht unwichtig, hat sich Jesus gezielt mit Männern umgeben. Er hat sich mit solidarischen Brüdern umgeben, auch wenn er mit diesen Kerlen seine Probleme hatte, sie nicht immer nur verlässlich waren, um ihre Position rangelten und er ihnen mehr als einmal den Kopf waschen musste. Mit den Aposteln und Jüngern springt er nicht gerade zimperlich um. Aber, und hierin liegt vielleicht die Pointe, er hat nicht die Seiten gewechselt. Er ist nicht einfach zu den Frauen gegangen, weil die netter oder pflegeleichter wären.

Jesus hat nichts getan, um seine Männlichkeit zu beweisen, weil er darin ganz klar war; was mit dem Thema Vater zusammenhängen mag. Er hat nichts getan, nur um sich ins Rampenlicht zu stellen, ist seinen Weg gegangen, ohne nach dem Erfolg zu schielen. Ebenso hat sich Jesus nie bewundern lassen. Jeden derartigen Versuch, und die sind meist sehr vereinnahmend, hat er von sich gewiesen mit dem Hinweis auf seinen Vater. Wenn er ‚Erfolg' hatte, hat er ihn nicht auf sich gemünzt. Jesus war alles andere als ein Guru, der seine bewundernde Fangemeinde um sich schart.

Jesus und die Frauen

Jesus hat sich nicht an die gängige Abwertung der Frau gehalten (Stellung, Ehescheidung usw.). Vielmehr hat er sich den Frauen gegenüber gegen alle gesellschaftliche Realität fair und solidarisch verhalten. Das Gespräch mit der Samariterin am Brunnen zeigt, dass er sich von Frauen etwas hat sagen lassen. Allem Anschein nach (Lk 8,3) hat er sich von Frauen sogar aushalten lassen. Und trotzdem, auch das ist vermutlich nicht unwichtig, hat er als Mann eine Distanz zu ihnen bewahrt. Es ging ihm nie vordergründig um ihre Bewunderung oder Zuneigung. Er war nicht wie der Macho, der hinter den Frauen her ist auf der Suche nach dem Knopf ihres Scheinwerfers, damit er in diesem Licht glänzend dasteht. Jesus hat sich von Frauen aushalten und sich von ihnen zärtlich pflegen lassen, aber er hat sich nicht mit den Frauen verbündet, sich nicht ihnen angepasst, sich nicht vereinnehmen lassen. Er war gegenüber Frauen in jedem Sinne frei, souverän, könnte man sagen, ohne überheblich zu sein.

Der souveräne Liebhaber

Jesus hat sich berühren lassen, körperlich (auch von Frauen) und emotionell (weint über Jerusalem usw.). Dabei hat er sich nicht nur die ‚schönen' Gefühle, sondern genauso ‚negative' Emotionen geleistet: Wut, Zorn, Angst. Er ist zu allen seinen Gefühlen gestanden und dabei von anderen unabhängig geblieben. Jesus hat sich zärtlich den Kindern zugewandt und war doch nicht nur zärtlich. Er war von anderen unabhängig, im guten Sinne souverän und hat sich nicht auffressen lassen. Jesus hat sich immer wieder zurückgezogen. Er war nicht nur für die Menge, nicht nur für die anderen da, sondern hat ebenso Grenzen gesetzt und war gerne allein. Wenn es nicht mehr anders ging, hat er sich auch abgewandt wie von seiner Heimat Galiläa.

Jesus hat Menschen geheilt, aber er hat es so getan, dass er sich damit nicht selbst in den Mittelpunkt gestellt hat. Er hat die Heilungen nicht auf sich, das eigene Können, die eigene Großartigkeit bezogen, sondern auf den Glauben der Geheilten selbst („Dein Glaube hat dir geholfen"). Er hat geheilt, ohne dass er sich damit über die Geheilten gestellt oder sie durch die Erwartung von Dankbarkeit entmündigt hätte. Jesus hat sich selbst ernst genommen, aber nicht wichtig. Er hat in einem Auftrag gehandelt, in einer Berufung, die nicht aus ihm selbst kam. Diese Berufung hat ihm die nötige Kraft gegeben, die Liebe und die Distanz und hat ihn vor jeder eitlen Selbstverherrlichung bewahrt.

Der Ölberg und das Ende

Es kommt im Leben oft anders, als man(n) denkt, und auch die Karriereleiter führt bekanntlich nicht in den Himmel, sondern an die Decke. Es ist anzunehmen, dass Jesus nicht von Anfang an mit diesem Ende gerechnet hat. Er hat ‚Karriere' gemacht (warum nicht einmal dieser männliche Terminus?) und vielleicht auch von einem ganz anderen Ende geträumt. In dieser Sicht wäre der glorreiche Einzug in Jerusalem zweifellos der ‚Karrierehöhepunkt'. Und dann kommt alles anders ...

Viele Männer in der Lebensmitte erleben genau das. Sie mühen sich ab, machen Karriere, setzen sich ein und irgendwann macht die Lebenskurve unweigerlich einen Knicks. Wie mitten im Erfolg, nach außen hin zumindest, stellt sich plötzlich die schicksalhafte Frage: War es das? Das ungelebte Leben, das Unerreichte und das fragmenthaft Gebliebene taucht mit großer Wucht auf und ist unweigerlich verbunden mit der Erkenntnis, dass das Leben nicht mehr zurückgedreht werden kann. In diesem Sinn darf der Ölberg durchaus symbolisch genommen werden für das Erleben von Grenzen und Scheitern, für die Depressionen vieler Männer in der Lebensmitte: „Da ergriff ihn Angst und Traurigkeit."

Das Ende, das nicht das Ende ist

Jesus folgt seiner Berufung, auch wenn er sie sich vielleicht anders vorgestellt hat. Er ringt, klagt, verzweifelt, weint, macht in dieser Nacht am Ölberg (und auch noch am Kreuz) viel durch, aber er weicht nicht aus, er geht hindurch. Er nimmt die Konsequenzen auf sich – bis zum Tod. Dieser ‚Tod' darf auch hier stehen für das Karriereende, für das Ende von Träumen, von Großmannssucht, für den Abstieg nach dem Aufstieg. Genau darin aber bleibt Jesus sich selber treu, erlebt zwar ein schreckliches Ende, das aber kein Ende ist.

Er stirbt keinen Heldentod, egal, was später alles daraus gemacht wurde. Er durchlebt alle denkbaren Höllen bis hin zur größten Verzweiflung: „Mein Gott, warum hat du mich verlassen?" Er, der wie kein anderer vom Vater gesprochen hat, sich von ihm getragen wusste, von ihm auserwählt war, erlebt sich nun als von ihm verlassen. Es ist religiöser Kitsch, wenn manche glauben, angesichts des Todes Halleluja singen zu müssen. Er selber hat vorgelebt, dass auch Angst und Verzweiflung Teil des Lebens oder Sterbens sind. Er kommt ans Ende und erlebt das Ende mit allem Schrecken. Er redet angesichts seines Todes nicht von Auferstehung, sondern von Verzweiflung. Erlösung – das Ende, das kein Ende ist – beginnt dort, wo er selber loslässt und damit getragen wird: „Vater, in deine Hände empfehle ich meinen Geist." Seine letzten Worte „Es ist vollbracht!" erinnern fast an den Beginn der Bibel: Und er sah, dass es gut war, so, wie es war. Vielleicht würde es Männern gut tun, sie könnten öfters und nicht erst angesichts des Todes sagen: „Vater, in deine Hände empfehle ich meinen Geist."

Gott und seine Männer

Django kennt keine Gnade

Im Brustton der Überzeugung zu lesen: Religion, das ist nichts für richtige Männer. So was brauche ich nicht, da helfe ich mir lieber selber. Vielleicht lehrt mich die Not einmal beten. Das kann schon sein, aber noch habe ich zwei Arme und zwei Beine! Und hör mir auf mit Gnade, im Leben wird einem schließlich nichts geschenkt. Im Leben muss man sich durchsetzen, da hilft dir keiner. Religion ist etwas für die, die es brauchen, aber nicht für richtige Männer.

Männer tun sich schwer mit dem Vertrauen in etwas, das über ihre eigene Kraft hinausgeht. „Selbst ist der Mann!“, lautet die verlockende Devise. Es zählt nur die eigene Leistung, das eigene Verdienst, die eigene Kraft, der eigene Glanz. Im alleinigen Glauben an sich selbst überfordern sich Männer und manch einer macht sich in diesem männlichen Größenwahn selbst kaputt.

Wer sich nur auf sich selbst verlässt, ist von allem anderen verlassen. Solche Männer stehen an der Wand, agieren letztlich hilflos und panisch. Sie sind nicht mehr durchlässig für etwas Größeres. Sie müssen sich den Glauben an sich selbst ständig beweisen, verlieren Ziele und Auftrag, rotieren nur um die eigene Achse und erstarren innerlich. Sie sind wie der Riese Goliath – setzen sich selbst in Szene, blasen sich auf in ständiger Kampfbereitschaft, sehen überall Feinde, erstarren in ihrer Rüstung, spotten auf Gott und die Welt, halten sich für unverwundbar und sind doch so anfällig. Sie dienen nur sich und werden damit Sklaven ihrer selbst.

Sie machen sich kaputt und letztlich machen kaputte Männer auch die Welt kaputt.

Unsere Gesellschaft scheint manchmal wie das Spiegelbild dieser inneren Haltung. Wir leben in einer zerstörerischen Tretmühle und ihr Motto lautet ‚immer-mehr': Wir arbeiten immer mehr, produzieren immer mehr, leisten immer mehr und in der vermeintlich freien Zeit konsumieren wir immer mehr. Dabei laufen wir Gefahr, unsere Natur zu zerstören, unsere Seelen, uns selbst. Mit der Verdrängung der Religion verbunden ist auch die Verleugnung des Todes und der eigenen Begrenztheit. Das Leben wird dann zur letzten Gelegenheit. Ist mit dem Tod alles aus, entsteht ein Lebensstau. Was noch erlebt und getan werden muss, staut sich auf diese immer kürzer werdende Zeit. Wenn Genuss einmal zum Zwang wird, ist es auch mit dem Genuss vorbei. Wird der vor uns liegende Tod weggeschoben, verfolgt er uns von hinten und unser Streben wird zu einer ständigen Flucht. Lebensfreude wird dann zum Lebensstress, der kaputtmacht.

Männer ohne Lebensorientierung laufen Gefahr zu ertrinken, sei es in Arbeit und Verpflichtungen, in wohlgemeinter Verantwortung, in eigenem Ehrgeiz oder auch in Alkohol. Die Lebenswerte geraten durcheinander, wenn der oberste Wert nicht mehr klar ist, wenn das Vorletzte mit dem Letzten verwechselt wird. Ruhe kommt erst wieder in die Rangordnung der Werte, wenn der oberste Wert klar ist, und das ist Gott selber – und nicht Arbeit und Leistung, nicht Auto, Einkommen oder Erfolg. „Nur in Umkehr und Ruhe liegt euere Rettung, nur Stille und Vertrauen verleihen euch Kraft", waren die Worte des Propheten Jesaja (Jes 30,15) anno dazumal und sie sind für Männer heute aktueller denn je. Von Gott getragene Männer sind aber nicht einfach nur ruhig und still, doch ihr Handeln hat eine andere Kraft, eine Kraft, die aus eben dieser Ruhe und Überzeugung kommt.

Haschen nach Wind

Der Prediger Kohelet im Alten Testament muss ein Mann mit Lebenserfahrung gewesen sein. Seine nüchtern-pragmatische und gleichzeitig wieder radikale Sicht des Lebens ist gerade für Männer heute hochaktuell. Sie beinhaltet lebensfreundliche Korrekturen und heilsame Perspektiven. Kohelet macht klar, dass der Mensch nicht nur vom Job allein lebt, dass unser Leben begrenzt ist und das Anhäufen von Besitz und Ehre nicht dessen Sinn sein kann. Er betrachtet nüchtern den Lauf der Dinge und kommt zum klaren Schluss: „Es gibt nichts Neues unter der Sonne“ (Koh 1,9). Kohelet will niemandem die Freude am Leben verderben, im Gegenteil, aber seine Sichtweise relativiert auch männliches Streben, bewahrt vor falscher Aufgeblasenheit, lässt den Wichtigtuern die Luft aus, macht klar, dass alle mit Wasser kochen. Diese Sicht kann befreiend sein und Mut machen zum eigenen, persönlichen Weg.

Als Nächstes betreibt Kohelet Forschung an sich selbst, wie er sagt. „Ich lockte meinen Leib mit Wein, während mein Verstand das Wissen auf die Weide führte“ (Koh 1,14). Gibt es eine poetischere Formulierung für einen Vollrausch? Weiter baut er Häuser, pflanzt Weinberge, legt Gärten an, hortet Gold und Silber und gönnt sich einen großen Harem. „Was immer meine Augen sich wünschten, verwehrte ich ihnen nicht“ (2,10). Ein Mann ist hier am Werk, der rafft und rackert, der Statussymbole anhäuft und glaubt, sich ein erotisches Schlaraffenland schaffen zu können. Danach versucht er es noch mit dem Anhäufen von Wissen und Bildung.

Besser eine Hand voll und Ruhe

Doch die Diagnose am Ende all dieser „Forschungen“ ist klar und ernüchternd: „Was erhält der Mensch dann durch seinen ganzen Besitz und durch das Gespinst seines Geistes, für die er sich unter der Sonne anstrengt? Alle Tage besteht sein Geschäft nur aus Sorge und Ärger, und selbst in der Nacht kommt sein Geist nicht zur Ruhe“ (2,22f).

Die Schärfe seiner Analyse verstärkt Kohelet noch durch den Blick auf die Endlichkeit des Menschen: „Wie er aus dem Leib seiner Mutter herausgekommen ist – nackt, wie er kam, muss er wieder gehen. Von seinem Besitz darf er überhaupt nichts forttragen, nichts, das er als ihm gehörig mitnehmen könnte“ (5,14). Das Totenhemd hat keine Taschen, hat es früher geheißen. In dieser Perspektive bleibt natürlich nicht mehr viel übrig, denn der Fromme lebt nicht länger als der weniger Fromme, der Gebildete nicht länger als der Ungebildete, der Reiche nicht länger als der Arme, der Angesehene nicht länger als alle anderen. In dieser Radikalität wäre das Buch Kohelet eine Anleitung zum Unglücklichsein, wenn zwischendurch nicht immer wieder das Gegenthema aufleuchten würde.

Kohelet liefert keinen Strick mit Gebrauchsanleitung, sondern versteht sich vielmehr als Anleitung zum Glücklichsein. Ein erster Schluss, den er aus seinen Experimenten zieht, lautet: „So habe ich eingesehen: Es gibt kein Glück, es sei denn, der Mensch kann durch sein Tun Freude gewinnen. Das ist sein Anteil“ (3,22). Arbeiten, das Anhäufen von Besitz und Reichtum, Wissen und Bildung ebenso wie Ethik und Moral sind kein Selbstzweck und das Motto kann nicht lauten: Je mehr, umso besser. Das Kriterium Kohelets lautet: Führen sie zu Freude und Glück? Ein erster Ratschlag folgt daraus, der für viele Männer eine heilsame Perspektive sein könnte: „Besser eine Hand voll und Ruhe, als beide Hände voll und Arbeit und Luftgespinst“ (4,6). Weniger kann also in jeder Beziehung mehr sein.

Ein lebender Hund ist besser als ein toter Löwe

„Dies ist etwas, was ich eingesehen habe: Das vollkommene Glück besteht darin, dass jemand isst und trinkt und das Glück kennen lernt durch seinen eigenen Besitz, für den er sich unter der Sonne anstrengt während der wenigen Tage seines Lebens, die Gott ihm geschenkt hat" (5,17). Kohelets Perspektive wendet sich nicht grundsätzlich gegen Arbeit, Anstrengung und Besitz, doch manche Männer wissen gar nicht mehr, wofür sie sich anstrengen. Nicht selten ist es so, dass die Anstrengungen verdoppelt werden, wenn das Ziel verschwindet. „Ich weiß zwar nicht, wohin ich will, dafür bin ich aber schneller dort", heißt es in einem Lied von Helmut Qualtinger. Das ‚immer mehr' kann für sich unmöglich das Ziel sein, so viel macht Kohelet unmissverständlich klar.

Und dann kommt ein Satz, der angesichts männlicher Lebensform heute wie ein spirituelles Rezept gegen Herzinfarkt und Midlife-Krise klingt: „Ein lebender Hund ist besser als ein toter Löwe" (9,4). Der Friedhof ist bekanntlich voll von unersetzlichen Männern, von toten Löwen. Helden leben gefährlich und sind einsam, weil sie glauben, auf sie allein komme es an. Die Eigenschaften, die einem Mann heute Aufstieg und Prestige versprechen, sind insgesamt eine hochgefährliche Lebensform und die Karriereleiter ist genau besehen oft auch nur ein Hamsterrad. Man(n) lebt nicht um zu arbeiten, sondern arbeitet um zu leben und dazu gehört auch die Lebensfreude.

Mehr ‚lebender Hund' könnte also die lebensfreundliche Korrektur lauten und was Kohelet darunter versteht, spricht er in gewohnter Deutlichkeit aus: „Also: Iss freudig dein Brot, und trink vergnügt deinen Wein; denn das, was du tust, hat Gott längst so festgelegt, wie es ihm gefiel. Trag jederzeit frische Kleider, und nie fehle duftendes Öl auf deinem Haupt. Mit einer Frau, die du liebst, genieß das Leben alle Tage deines Lebens voll Windhauch, die er dir unter der Sonne geschenkt hat. Denn das ist dein Anteil am Leben und an dem Besitz, für den du dich unter der Sonne anstrengst" (9,7ff). Auf dem Grabstein der Dichterin Marie Luise Kaschnitz steht der Satz: „Selig, die gelebt, bevor sie starben."

Gott fürchten

Ein anderes Thema, das bei Kohelet immer wieder auftaucht, ist: „Wo Träume sich mehren und Haschen nach Wind und viele Worte, da fürchte du Gott!“ (5,6). Bei solchen Worten zucken verständlicherweise viele Zeitgenossen zusammen, hat doch die kirchliche Praxis lange genug diese Gottesfurcht in Form von Angst vermittelt. Viele Menschen haben in ihrer eigenen Geschichte Gott nicht als einen Liebhaber des Lebens erfahren, sondern eher als Spielverderber, der einem gar nichts zu gönnen scheint. Nicht Freude und Glück, sondern vielmehr Angst und Furcht verbinden gerade ältere Menschen mit dem Gottesglauben. Im Gegenzug dazu gibt es heute aber bereits den pflegeleichten Instant-Gott in der Taschenausgabe zum Einstecken. Also doch wieder Gott fürchten?

„Gott fürchten“, wie es bei Kohelet immer wieder heißt, bedeutet nicht vor ihm Angst zu haben. Vielmehr geht es dabei um die Achtung und den Respekt vor dem noch Größeren. Das heißt gerade für Männer, dass ich nicht alles überblicken kann, dass ich nicht allmächtig bin und niemals alles im Griff haben kann, dass es eine Verschwendung des Lebens ist, alles kontrollieren zu wollen, dass ich vielleicht gar nicht so wichtig bin, wie ich meine, dass sich das Leben nicht um mich dreht, sondern dass ich Teil von etwas bin, das viel größer ist als ich. Das heißt auch, dass ich vor ihm verstummen, auf ihn hören, zu ihm beten kann.

Beten für Männer

Beten fordert Haltungen, die der traditionellen Männerrolle widersprechen. Männer werden sozialisiert, der Beste zu sein, alles zu wissen und nicht um Hilfe zu bitten. Im Beten ist allerdings das Umgekehrte gefragt. Der Beter macht sich ganz klein und sagt: Ich weiß nicht mehr weiter, bitte hilf mir. Ebenso werkelt der Beter nicht mehr nur im Außenbereich herum, sondern geht in sich, fragt in sich nach, kapituliert. Die unausgesprochene Regel lautet aber: Ein Mann hat keine Probleme und wenn, dann weiß er selber, was zu tun ist. Der Beter hingegen nimmt die umgekehrte Haltung an: Nein, ich weiß nicht mehr weiter. Das ist eine Haltung, die dem vermeintlichen Auftrag, immer der Stärkste und Größte sein zu müssen, widerspricht. Gerade darum wäre Beten eine hervorragende Übung, um aus dem männlichen Größenwahn herauszukommen. Statt der Haltung „Ich muss alles machen!" sagt der Beter: „Jetzt musst du!" Man kann es auch ihm überlassen.

Beten hilft! Wenn man Wunder vollbringen will, dann nützt nur beten. Es ist die einfachste und effektivste Art der Veränderung und der Zielerreichung. Wenn es Gottes Willen ist, geht es leicht. Der Erfolg muss aber nicht unbedingt das sein, was ich mir in den Kopf gesetzt habe. Vielleicht hatte er mit mir eben etwas anderes vor. Ob es das Richtige ist, merkt man daran, dass die Energie nicht verloren geht, dass die Sache Kraft hat. Man sollte auch keine zu bescheidenen Vorstellungen haben beim Beten. Er kann nicht mehr geben, als ich bereit bin aufzunehmen. Dafür ist es aber erforderlich, Dinge loslassen zu können. In einen vollen Kasten passt nichts Neues mehr hinein; das Beten wäre dann wieder nur eine Form von Raffen. Erst wenn man sich frei und offen macht für etwas Neues, kann gelingen, was in der Bibel steht: Wenn ihr bittet, wird euch gegeben.

Häufig scheitern Männer daran, dass sie sich nicht vergegenwärtigen, was sie selber wollen. Sie lassen sich von Frau, Kindern, Chef, der Gesellschaft vorschreiben, was sie tun sollen, sind ständig beschäftigt und kommen gar nicht dazu innezuhalten. Beten wäre eine solche Form des Innehaltens, um zu sehen: Wo stehe ich eigentlich? Was will ich eigentlich? Was will Gott von mir? Aber das Entscheidende beim Beten ist: Man muss es tun! Das kann niemand anders für mich. Man muss es tun und es braucht ein wenig Übung, wie das Fußballspielen. Man fängt einfach an, entwickelt immer mehr Spaß dabei und findet im Tun auch den eigenen Stil, die Form, die einem passt und liegt. Vielleicht ist es manchmal leichter, beim Klagegebet anzufangen, zu äußern, wie sauer ich auf das Schicksal oder auf Gott bin, was ich alles nicht bekomme, was alles schief läuft. Nach der Klage kommt die Beruhigung und der Beter wird wieder offen, bis er spürt, dass er letztlich getragen ist.

Biblische Mannsbilder

Männer, die von Gott getragen sind, die, so unmännlich es klingen mag, sich von Gott lieben lassen – wo haben wir heute noch kraftvolle Vorbilder dafür? Wir finden solche in der Bibel. Die biblischen Männerfiguren sind keine Frömmler, sondern viel eher Heilige mit Dreck am Stecken. Diese Geschichten zeigen, wie Gott auf krummen Männerzeilen gerade schreibt. Es sind Männer, mit allen Arten und Unarten, mit Fehlern und Stärken und gleichzeitig grandiose Männer, weil sie für eine Sache kämpfen, die über sie selbst hinausgeht. Sie machen nicht nur einen Job, sondern sie folgen ihrer Berufung – mit allen Sackgassen. Diese biblischen Mannsbilder können Männern heute noch Orientierung und männliche Solidarität vermitteln.

Ein ermutigendes Beispiel dafür ist König David. Er ist zuerst einmal alles andere als der Lieblingssohn seines Vaters. Samuel, der Prophet, sucht einen Nachfolger für König Saul und da präsentiert ihm Davids Vater sieben seiner Söhne. Den letzten, den achten und unwichtigsten, David selber, hat er auf dem Feld gelassen; der kam für ihn gar nicht in Frage. Genau der war es aber, den Samuel im Auftrag Gottes gesucht hat. David weiß sich geliebt und getragen von Gott und handelt aus dieser Haltung. Er besiegt den Riesen Goliath nicht, weil er sich selbst für so stark, schlau oder was immer hält, sondern weil Goliath Gott gelästert hat und David überzeugt ist, dass das ein Frevel ist. Er handelt nicht für sich, sondern dient einem höheren Auftrag. Und er ist deshalb zutiefst überzeugt, dass Gott ihm beisteht: „Du, Goliath, trittst gegen mich an mit Schwert, Lanze und

Wurfspieß. Ich aber komme mit der Hilfe des Herrn" (1 Sam 17,45). Er glaubt an sich, weil er sich gewiss ist, dass Gott an ihn glaubt. Mit dieser Kraft erlegt er den Riesen mit seiner Schleuder und einem einzigen Stein. Wunder vollbringen und Ähnliches funktioniert überhaupt nur so.

Stark und sündig

Eine Stärke Davids liegt gerade darin, dass er sich selber nicht für den Mittelpunkt des Universums hält, sondern für einen Diener und genau das macht ihn groß, macht ihn sogar zum König seines Volkes. Trotzdem steht er klar zu sich: Er kennt seinen eigenen Willen und ist offen für Gottes Wille. Er redet mit Gott und fordert dieses Gespräch ganz klar ein. Er steht zu seinen Gefühlen und ist gleichzeitig fähig, Situationen anzunehmen, wie sie sind. Er weiß auch, was nicht zu ändern ist. Er schätzt und achtet seine weisen Berater, die Propheten Samuel und Nathan, auf die er hört und von denen er sich etwas sagen lässt. Er haftet nicht an Status, Macht, Materie oder Leistenmüssen und ist genau deshalb stark und mächtig. Er weiß, dass er in einer Entwicklung steht, dass er nicht perfekt sein muss und nicht immer gewinnen kann; was ihm auch nicht gelingt.

Und nicht zuletzt leistet sich David auch persönliche Niederlagen, er sündigt auch. Als er nach dem Mittagschläfchen auf dem Dach seines Palastes die Glieder reckte, erblickte er ein paar Dächer weiter eine schöne Frau, die gerade badete. Er ließ sie kommen und die verheiratete Batseba hatte offensichtlich nichts gegen ein Schäferstündchen mit ihrem eigenen König. Als sie von ihm schwanger wurde, schickte David ihren Mann, ein tüchtiger und treuer Soldat, an die vorderste Front, damit er dort umkommt. Nathan, der Prophet, konfrontiert ihn darauf mit seiner Tat und wäscht ihm im Namen Gottes ordentlich den Kopf. David steht ‚wie ein Mann' zu dem, was er getan hat, und übernimmt dafür die Verantwortung. Er bereut und nimmt die Strafe auf sich, ohne zu jammern und Ausreden oder andere Schuldige zu suchen. Davids Größe zeigt sich nicht darin, dass er quasi nur heilig ist und nichts Böses tut, sondern gerade darin, wie er zu seiner Sünde steht und damit umgeht.

Der Liebhaber Gottes

Die vielleicht größte Faszination Davids liegt in dem, wie er seine männliche Vielfalt lebt. Er ist nicht nur König und Krieger. Er ist auch Dichter, Musiker und Liebhaber in einer Person. Dass er sich von Gott geliebt und getragen weiß, zeigt sich nicht nur darin, dass er Feinde besiegt. Es zeigt sich ebenso darin, dass er ausgelassen tanzt vor Freude, so ausgelassen, dass seine Frau sich sogar schämt (2 Sam 6,14–23). Als es David endlich gelang, die Bundeslade, das zentrale religiöse Symbol der Juden, wieder nach Jerusalem zu bringen, war er außer sich vor Freude. Es gab einen großen Einzug und alles war auf den Beinen. Es wurde getanzt und gesungen mit ganzer Hingabe und die Musiker bliesen in die Hörner. Und so tanzte auch David voller Begeisterung neben der Bundeslade her, „um den Herrn zu loben", wie Samuel schreibt. Die folgenreiche Pointe wird nur ganz knapp angedeutet: David war nur mit einem leichten Leinenschurz bekleidet; und Unterhosen gab es damals bekanntlich noch keine.

Seine Frau Michal beobachtete Davids Treiben vom Fenster aus. Als sie sah, wie der König hüpfte und tanzte, empfand sie nur noch tiefe Verachtung für ihn. Nachdem David zur Feier des Tages auch noch das Volk verköstigt hatte, ging er nach Hause, um seine Familie zu sehen. Doch er war noch nicht im Palast, als ihm Michal schon entgegenkam. Im keifenden Ton der auf Ehre und Ansehen bedachten, gekränkten Ehefrau hielt sie ihm entgegen: „Ach, wie würdevoll ist heute der Herr König vor seinem Volk aufgetreten! Bei deiner halb nackten Tanzerei hast du dich vor den Mägden deiner Hofbeamten schamlos entblößt. So etwas tut sonst nur das Gesindel!" David lässt diesen Spott nicht auf

sich sitzen und stellt ein für alle Mal klar: „Ich habe dem Herrn zu Ehren getanzt. Mich hat er zum König über sein Volk Israel eingesetzt, und ihm zu Ehren will ich auch künftig tanzen. Ja, ich wäre sogar bereit, mich noch tiefer zu erniedrigen als heute. Du magst mich verachten, aber die Mägde, über die du so herablassend gesprochen hast, sie werden mich schätzen und ehren."
Diese biblischen Geschichten sind bekanntlich sehr handfest und folgenreich. Wenn Samuel abschließend feststellt, dass Michal kinderlos blieb, so sieht er im damaligen Denken darin eine Strafe Gottes für die Verspottung ihres Ehemannes David. Gott gibt also nicht seiner eifersüchtigen Frau Recht, sondern dem ausgelassen tanzenden König, weil er weiß, dass er für ihn tanzt; heute würde man vielleicht sagen: seinetwegen ausflippt.

Erlöste Männer

Solche Davids bräuchten wir, braucht Gott auch heute: Männer, die von leidenschaftlichen Überzeugungen getragen sind, von Einstellungen, die das Leben prägen und Ziele vorgeben können, Männer, die berufen sind, die glauben, dass hinter ihnen noch einmal ein größerer Vater steht, der sie liebt. Ein solcher Glaube kann Männer entlasten, sie befreien und ihnen die Kraft für ihre Aufgaben geben. Der Glaube an einen noch Größeren kann sie vor männlichem Größenwahn bewahren und zu wahrer männlicher Größe führen. Erlöste Männer können viel zur Erlösung der Welt beitragen.

Literatur

Männer – Väter

Biddulph, Steve: Männer auf der Suche. Sieben Schritte zur Befreiung, München 1996

Bly, Robert: Eisenhans. Ein Buch über Männer, München 1991

Cordes, Paul Josef: Die verlorenen Väter. Ein Notruf, Freiburg i. Br. 2002

Guggenbühl, Allan: Männer Mythen Mächte . Was ist männliche Identität?, Stuttgart 1994

Hofer, Markus: Kinder brauchen Väter. Söhne und Töchter über ihre Väter, Innsbruck-Wien 2001

Hofer, Markus / Luhan, Christian / Schuierer, Anton J. (Hg.): Vater, Sohn und Männlichkeit, Innsbruck 2001

Keen, Sam: Feuer im Bauch. Über das Mann-Sein, Bergisch Gladbach 1992

Moore, Robert / Gillette, Douglas: König, Krieger, Magier, Liebhaber. Die vier Stärken des Mannes, München 1992

Pachmann, Herbert: MännerSachen. Profile balancierter Männlichkeit, Zürich 2002

Rohr, Richard: Der wilde Mann. Geistliche Reden zur Männerbefreiung, München 1988

Rohr, Richard: Masken des Maskulinen. Neue Reden zur Männerbefreiung, München 1993

Schwanitz, Dietrich: Männer. Eine Spezies wird besichtigt. Frankfurt 2001

Twrznik, Manfred: Aufbruch zum Mann. Stark, lustvoll und weise – in Beruf, Alltag und Beziehung, München 2002

Waidhofer, Eduard (Hg.): kraftvoll und lebendig mann sein. Innsbruck 2003

Zoja, Luigi: Das Verschwinden der Väter, Düsseldorf 2002

Zulehner, Paul (Hg.): Müssen Männer Helden sein?, Innsbruck 1998

Zulehner, Paul M. / Slama, Andrea: Österreichs Männer unterwegs zum neuen Mann?, Wien 1994
Zulehner, Paul M. / Volz, Rainer: Männer im Aufbruch. Wie Deutschlands Männer sich selbst und wie Frauen sie sehen. Ein Forschungsbericht, Ostfildern 1998

Männer – Frauen

Alberoni, Francesco: Erotik. Weibliche Erotik, männliche Erotik – was ist das?, München 1987
Gray, John: Männer sind anders. Frauen auch, München 1992
Höhler, Gertrud: Wölfin unter Wölfen. Warum Männer ohne Frauen Fehler machen, München 2002
Pease, Allan & Barbara: Warum Männer nicht zuhören und Frauen schlecht einparken. Ganz natürliche Erklärungen für eigentlich unerklärliche Schwächen, München 2000
Tannen, Deborah: Du kannst mich einfach nicht verstehen. Warum Männer und Frauen aneinander vorbeireden, Hamburg 1991
Weber, Gunthard (Hg.): Zweierlei Glück. Die systemische Psychotherapie Bert Hellingers, Heidelberg 1993

Männer – Kirche – Religion – Spiritualität

Alt, Franz: Jesus – der erste neue Mann, München 1989
Arnold, Patrick M.: Männliche Spiritualität. Der Weg zur Stärke, München 1994
Baumgartner, Konrad / Garhammer Erich (Hg.): Adam, wer bist du? Männer der Bibel bringen sich ins Wort, München 1999
Brun, Josef: Der Mann in der Kirche. In: Kirche (Schweizerische Kirchenzeitung) 23/1989. Zitiert nach: Juchem, Roland (Hg.): Die Männer und die Kirche. Themenhefte Gemeindearbeit 22, Aachen 1995

Dunde, Siegfried Rudolf (Hg.): Vater im Himmel – seine Söhne auf Erden. Männer und Religion, Hamburg 1986

Culbertson, Philip: Alter Adam – neuer Mann. Aufbruch zur Spiritualität, München 1995

Fischedick, Heribert: Der Weg des Helden. Selbstwerdung im Spiegel biblischer Bilder, München 1992

Fraas, Hans-Jürgen: Mann mit Eigenschaften. Das christliche Gottes- und Menschenbild als Paradigma männlicher Identität. In: Mann in der Kirche 5/1996

Fraas, Hans-Jürgen: Mann mit Eigenschaften. Die Zukunft der Männer in der Kirche, Düsseldorf 1995

Fuchs, Gotthard: Theologische Männerforschung: ein Gebot der Stunde. In: Diakonia 3/1993

Gasser, Stefan: „Wann ist ein Mann ein Mann?" – Bubenarbeit in der Kirche: Initiation in ein ‚neues' Mannsein, Lizenziatsarbeit, Freiburg, Schweiz 1997

Hofer, Markus: Franz für Männer. Was uns der Mann aus Assisi zu sagen hat, Innsbruck 2001

Jakes, T. D.: Free Man. Wenn Männer losgelassen werden, Wuppertal 1997

Jaschke, Helmut: Gott Vater? Wiederentdeckung eines zerstörten Symbols, Mainz 1997

Johannes Paul II.: Über Gestalt und Sendung des heiligen Josef im Leben Christi und der Kirche (Redemptoris Custos), 1989

Juchem, Roland (Hg.): Die Männer und die Kirche. Themenhefte Gemeindearbeit 22, Aachen 1995

Juchem, Roland: Sag mir wo die Männer sind. In: Juchem, Roland (Hg.): Die Männer und die Kirche. Themenhefte Gemeindearbeit 22, Aachen 1995

Lehner, Erich: Männer an der Wende. Grundlagen kirchlicher Männerarbeit, Innsbruck 2001

Lukatis, Ingrid / Sommer, Regina / Wolf, Christof (Hg.): Religion und Geschlechterverhältnis, Opladen 2000

Lüninghöner, Gert / Spilling-Nöker, Christa: Abraham & Co. Biblische Männergeschichten, Freiburg i. Br. 1991

Meiners, Friedhelm: Die Zukunft der Männer in der Kirche. In: Mann in der Kirche 4/1996

Ohler, Annemarie: Väter. Wie die Bibel sie sieht, Freiburg i. Br. 1996

Overmann, Michael: Biblische Manns-Bilder. Exerzitien für Männer. In: Zulehner, Paul (Hg.): Müssen Männer Helden sein?, Innsbruck 1998

Ràcz, Ferenc: Auf der Suche nach der neuen Männlichkeit. Ein Initiationsmodell von Richard Rohr OFM als Beitrag der Pastoraltheologie zur Männerbefreiung, Magisterarbeit, Innsbruck 2000

Rohner, Felix M.: Die Nacht des Feuers. Ein Modell für ein Initiationswochenende für männliche Firmlinge und deren männliche Firmpaten, Manuskript, Feldkirch 1998

Rohr, Richard: Der nackte Gott. Plädoyers für ein Christentum aus Fleisch und Blut, München 1994

Rosowski, Martin / Ruffing, Andreas: MännerLeben im Wandel. Würdigung und praktische Umsetzung einer Männerstudie, Ostfildern 2000

Rosowski, Martin / Ruffing, Andreas (Hg.): Ermutigung zum Mannsein. Ein ökumenisches Praxishandbuch für Männerarbeit, Kassel 2002

Schäfer, Reinhold Hermann: MännerQuest. Die Reise ins Herz des Mannes, Engerda 2001

Seiler, Dieter: Formen der Mitgliedschaft der Kirche. In: Wege zum Menschen 48 Heft 1 (1996) 3-12

Wahl, Christoph (Hg.): Bruderzwist und Männerfreundschaft. Männer der Bibel, Stuttgart 1993

Walser, Christoph / Wild, Peter: Men's Spirit. Spiritualität für Männer, Freiburg i. Br. 2002

Wedel, Ezzelino von: Als Jesus sich Gott ausdachte. Die unerwiderte Liebe zum Vater, Stuttgart 1990

Wittschier, Sturmius: Männer spielen Mann. Dramen mit Gott und Vater, Salzburg 1994

Wolf, Hanna: Jesus der Mann. Die Gestalt Jesu in tiefenpsychologischer Sicht, Stuttgart 1990

Wolff, Hanna: Jesus als Psychotherapeut. Jesu Menschenbehandlung als Modell moderner Psychotherapie, Stuttgart 1993

Kirche – Glaube – Rituale

Bachl, Gottfried: Der schwierige Jesus, Innsbruck 1996
Brown, Peter: Die Keuschheit der Engel. Sexuelle Entsagung, Askese und Körperlichkeit am Anfang des Christentums, München 1991
Hofer, Markus: Francesco – Der Mann des Jahrtausends. Die historische Gestalt des Franz von Assisi, Innsbruck 2000
Hofer, Markus: Religion und Propaganda. Sprachanalytische Bemerkungen, in: Niewiadomski, Józef (Hg.): Eindeutige Antworten? Fundamentalistische Versuchung in Religion und Gesellschaft, Thaur 1988
Lorenzer, Alfred: Das Konzil der Buchhalter. Die Zerstörung der Sinnlichkeit, Frankfurt/M. 1984
Nenning, Günther: Mehr Opium, Herr! Rückwege zur Religion, Düsseldorf 1995
Rousselle, Aline: Der Ursprung der Keuschheit, Stuttgart 1989
Seewald, Peter: Die Schule der Mönche. Inspirationen für unseren Alltag, Freiburg i. Br. 2001
Watzlawick, Paul: Vom Schlechten des Guten oder Hekates Lösungen, München 1991
Wittgenstein, Ludwig: Bemerkungen über Frazers „The Golden Bough". In: Wiggershaus, Rolf (Hg.): Sprachanalyse und Soziologie, Frankfurt 1975
Zander, Hans Conrad: Als die Religion noch nicht langweilig war. Die Geschichte der Wüstenväter, Köln 2001
Zander, Hans Conrad: Ecce Jesus. Ein Anschlag gegen den neuen religiösen Kitsch, Hamburg 1992
Zander, Hans Conrad: Zehn Argumente für den Zölibat. Ein Schwarzbuch, Düsseldorf 1997